...NIERE DE BAST...
...toutes sortes de per...

PAR

...le Muet Architecte ordinaire...
...Roy et Conducteur des desseins...
...fortifications de sa Majesté...

A PARIS
Chez François
Lollain, rue Saint
Jacque a la ville
De Cologne

Y. 352

MANIERE
DE BIEN BASTIR
POUR
TOUTES SORTES
DE PERSONNES.

CONTENANT LES MOYENS D'ELEVER
des Baſtimens de toutes grandeurs, d'y faire tous les orne-
mens, commoditez & détachemens qui s'y peuvent ſouhaiter.
Enſemble des deſſeins pour baſtir regulierement ſur toute
ſorte de place.

Par PIERRE LE MUET, *Architecte ordinaire du Roy,*
Ingenieur & Conducteur des Deſſeins de Fortification
de ſa Maieſté.

Reveuë, augmentée & enrichie en cette Edition , de pluſieurs
Figures , Plans , & Elevations des plus beaux
Baſtimens & Edifices de France.

Diviſée en deux Partics.

A PARIS,
Chez FRANÇOIS JOLLAIN, ruë Saint Jacques,
a la Ville de Cologne.
_____
M. DC. LXXXI.
AVEC PRIVILEGE DV ROY.

AU ROY.

 *IRE,*

Encor que vous conſacrant cet Ouvrage j'imite Vitruve , qui
dedia ſes Livres d'Architecture à l'Empereur Auguſte : je n'ay
pas toutesfois la preſomption de croire que je puiſſe approcher de
l'excellence de cèt Autheur , comme Voſtre Majeſté ſurpaſſe la
gloire de ce fameux Monarque ; je ſçay que mes travaux ſont bien
moins dignes de paroiſtre devant Vous ; cependant , SIRE ,
je ne croy pas me pouvoir diſpenſer de vous les offrir. Comme
Voſtre Majeſté m'a toûjours donné liberalement les moyens de

m'exercer en cèt Art, ne m'accuseroit-on pas d'une Ingratitude extrème, si ie manquois de vous consacrer les connoissances que i'y ay acquis, lors qu'elles peuvent estre utiles au public? I'eusse satisfait plûtost à ce devoir sans l'obligation que Vostre Majesté m'a imposé de suivre ses Armées en m'honorant de la Charge de Conducteur de vos Fortifications. Souffrez, SIRE, que ie m'en acquite en ce iour, & que ie commence par ce qui concerne les Edifices de vos Suiets pour l'embellissement de vostre Royaume. Ie traiteray apres des Bastimens Royaux, i'en donneray quelque desseins, & ie feray en sorte de respondre par mon travail à la dignité de mon suiet. I'y travailleray, SIRE, avec plus de courage, si vous agreez ce foible témoignage de ma reconnoissance, & si vous me permettez de me dire, avec un tres-profond respect,

SIRE,

De VOSTRE MAJESTE',

Le tres-humble, tres-obeïssant,
& tres-fidel Sujet,
LE MUET.

DISCOURS SOMMAIRE

DE CE QUI DOIT ESTRE OBSERVE'
EN LA CONSTRUCTION
DE TOUT BASTIMENT.

EN la construction de tout Bastiment, on doit avoir égard à la durée, à l'aisance ou commodité, à la belle ordonnance, & à la santé des appartemens.

La durée consiste à travailler de bonne matiere, mais dautant qu'elle change selon la diversité des lieux, il ne s'en peut donner de preceptes particuliers. Cela est remis à la discretion & jugement de celuy qui bastit, lequel se regiera sur la connoissance qu'il aura acquise par experience de la bonté desdits materiaux.

Donner aux murs des espaisseurs convenables selon la hauteur & charge que l'on leur veut faire porter. Or dautant que cela dépend en partie de la bonté desdits materiaux, la connoissance desquels ne se peut acquerir que sur lesdits lieux; nous avons aussi remis cét article à la discretion de celuy qui bastira; ayant pour cét effect pris dedans œuvre toutes les longueurs & largeurs de nos desseins : & neantmoins les espaisseurs que nous y avons pratiquées peuvent estre observées & suivies en toute seureté aux bastimens qui se feront à Paris & és environs; en quoy (comme par tout ailleurs) il sera bon d'observer, qu'apres que l'espaisseur des bastimens communs aura esté arrestée pour ce qui doit estre sous terre, il faudra reduire le tout aux deux tiers, pour ce qui sera hors de terre; & ce par le moyen de deux retraites de part & d'autre.

Faire que les fardeaux de dessus soient posez sur parties capables de les soustenir, & dautant que les planchers & tout ce que l'on pose dessus sont portez par les poutres, il faut bien prendre garde de ne point asseoir lesdites poutres sur des vuides, comme sur fenestres ou portes. En somme il faut faire que le vuide soit assis sur le vuide, comme le plain sur le plain. Il se faut bien aussi garder de faire passer les poutres dans les cheminées, pour les inconveniens qui en peuvent arriver, & faut pareillement regarder que la longueur des poutres ne soit point excessive, eu égard à leur grosseur; desquelles, & de la bonté du bois, dépend toute la force.

Donner aux solives une longueur convenable, selon la proportion de leur grosseur: Car plus elles sont longues & plus foibles sont elles en leur partie du milieu. C'est pourquoy il est bon que les poutres (lesquelles servent de regle à la longueur des solives) soient espacées depuis neuf jusques à douze pieds d'intervalle, & estans contraints, jusques à treize: Et est besoin qu'elles portent dans l'espaisseur du mur, de quinze à dix-huit poulces de chacun costé, & plus si faire se peut. Et afin que les planchers puissent avoir la fermeté requise, les solives seront espacées en sorte qu'il y ait autant de plein comme de vuide, car cela servira aussi d'ornement.

A iij

Pour ce qui regarde l'aisance & commodité, il faut observer

Qu e les appartemens soient assis les uns aupres d s autres, selon le besoin qu'ils ont l'un de l'autre, & dégagez entr'eux le plus que faire se pourra.

Que les principaux appartemens, comme les Salles & Chambres principales, soient accompagnées d'une garderobe, & aussi d'un cabinet, s'il se peut faire.

Que les appartemens d'un mesme estage soient assis de plain pied, autant que faire se pourra.

Que chaque appartement soit d'une grandeur convenable pour le service à quoy vous l'avez destiné : Et pour cét effect, il sera à propos, aux lieux non contraints, d'observer les mesures suivantes.

La Salle aura de vingt-deux à vingt-quatre pieds de largeur, auquel cas on luy pourra donner de trente-quatre à trente-six pieds de longueur : Mais en grands bastimens, il sera bon de donner à la longueur le double de la largeur : Et lors qu'il se fera des offices sous terre, il est à propos de leur donner de huit, neuf, à dix pieds sous solive, ou neuf à dix pieds sous clef de voûtes.

La hauteur du premier estage sur les longueur & largeur susmentionnées pour la salle, pourra estre depuis treize pieds jusques à quatorze pieds, sauf à augmenter selon cette mesme proportion, quand l'on donnera plus de longueur & de largeur à la salle.

Pour le regard de la hauteur du second estage, sera bon de luy donner de douze à treize pieds sous solives.

Au troisiéme onze à douze pieds.

Et si l'on veut faire des chambres en galetas, soit au troisiéme ou quatriéme estage, il suffira de leur donner huict à neuf pieds de hauteur.

Pour les chambres elles auront vingt-deux ou vingt-quatre pieds, & est toûjours bon qu'elles soient quarrées.

En la construction des chambres, il faut avoir égard à la place du lict, qui est ordinairement de six pieds en quarré, & la ruelle de quatre à six pieds ; & à la situation de la cheminée, laquelle en cette consideration ne doit pas estre située justement au milieu, mais distante d'iceluy de quelque deux pieds, afin de donner place au lict, & par ce moyen l'inégalité est peu reconnoissable.

La moindre garderobe aura de largeur de neuf à dix pieds, & ayant davantage de place, de quinze à seize pieds.

Les portes du dedans du logis auront de largeur deux pieds & demy, & trois pieds au plus, en de grands bastimens, quatre pieds.

Leur hauteur sera de six pieds & demy à sept pieds.

Les portes cocheres auront de largeur sept pieds & demy du moins, & lors que vous estes contraint ; & de huict à neuf pieds lors que rien ne vous oblige : la hauteur sera d'une largeur & demie : Mais quand vous aurez la hauteur à vostre discretion, il sera bon de luy donner le double de la largeur.

L'escalier aura d'onze à douze pieds de largeur : mais estans contraints, on se passera à neuf pieds.

La hauteur des marches sera de cinq poulces & demy à six poulces.

Le giron de la marche, sera d'un pied outre la saillie, laquelle sera de deux poulces ou environ.

Et faut noter que là où il viendra à propos de faire les marches en tournant, nous n'en pouvons faire plus de dix au demy cercle, qui sont cinq au quart de cercle ; Et si la largeur de l'escalier venoit jusques à dix-huit pieds, plus ou moins, on pourroit faire jusques à douze marches au demy cercle.

Les feneftres auront d'ouverture de quatre pieds à quatre pieds & demy entre les deux tableaux, ou pieds droits.

Pour leurs hauteurs, elles fe termineront le plus prés des planchers ou folives que faire fe pourra ; comme fix, huit, dix, & douze poulces au plus : Car par ce moyen les falles ou chambres en font mieux éclairées, & faifant autrement on les rend obfcures & triftes.

Que fi l'ordre de l'architecture de dehors, contraignoit de tenir le haut de la feneftre plus bas que la mefure fufdite ; en ce cas il faudroit faire le dedans d'icelle en arriere voulfure, embrafée vers le plancher, afin qu'il en fuft éclairé davantage.

Les appuis des feneftres auront depuis deux pieds huit poulces, jufques à trois pieds au plus.

Les meneaux, ou croifillons des feneftres, auront d'efpaiffeur de quatre à cinq poulces.

Leurs feüilleures feront d'un poulce & demy à deux poulces au plus, afin de conferver davantage de force au derriere d'iceux, & que les membrures & chaffis de bois qui portent les volets de menuiferie pour fermer les feneftres, puiffent avoir force convenable.

Les pieds droits des feneftres feront fort embrafez, & refeüillez de deux poulces au moins, afin que la menuiferie puiffe joindre contre les murs, & dans lefdites feüillures, & feroit befoin que les premiers volets, fuffent brifez apres la longueur des embrafemens : Car par ce moyen ils font moins d'empefchement, & donnent plus de clarté : Et cét article regarde auffi bien la durée, comme l'aifance & commodité.

Les cheminées des falles auront dans œuvre fix à fept pieds entre les deux jambages ; & fera bon de prendre le tuyau d'icelle dans l'épaiffeur du mur, s'il eft tout voftre, finon elles feront adoffées contre, en lieu où elles puiffent correfpondre à celles des chambres, lefquelles ne s'écartent que bien peu du milieu, comme il a efté dit : & s'il eft poffible, il faut faire que la cheminée foit veuë de front par celuy qui entrera dans la falle.

Leur hauteur fera de quatre à cinq pieds jufques fous la plate bande du manteau : Leur faillie aura deux pieds & demy à trois pieds, depuis le mur jufques hors le manteau.

Les jambages des cheminées auront fept à neuf poulces de largeur au plus, felon l'ordre de l'architecture, avec laquelle on la veut enrichir.

Les cheminées des chambres auront de largeur cinq pieds ou cinq pieds & demy, & feront placées comme dit eft cy-deffus, à caufe de la place du lict.

Leur hauteur fera de quatre pieds, ou quatre pieds & demy, jufques fous le manteau ou plate-bandes.

Leur faillie fera de deux pieds à deux pieds & demy, depuis le contrecœur jufques au devant des pieds droits, ou jambages.

Les cheminées des garderobes feront de quatre pieds, ou quatre pieds & demy de largeur.

Leur hauteur de quatre à cinq pieds jufques fous le manteau.

Leurs faillies, deux pieds trois poulces.

L'ouverture des cheminées en general aura d'onze à douze poulces de fente, & aux cheminées des grandes cuifines quinze poulces, à caufe du grand feu que l'on y fait ; & fe conduiront le plus un'ement que faire fe pourra, d'autant qu'à faute de ce faire, on eft quelquefois incommodé de fumée.

Leur longueur fera de quatre à fix pieds ; fi les cheminées ont fix pieds par bas dans œuvre ; elles fe diminueront dans leurs manteaux par les pentes des hottes d'icelles, & leurs tuyaux feront conduits à plomb.

La pente du dedans des cheminées, autrement la hotte commence depuis le manteau jufques à l'endroit du plancher.

A iiij

La belle ordonnance confiste en la fimmetrie, qui doit estre prise selon
la largeur ou hauteur.

SELON la largeur, elle confiste à faire que les parties également éloignées du milieu
foient égalées entr'elles.

Que les parties foient proportionnées au total & entr'elles.

Selon la hauteur, elle confiste à faire que les parties efquelles mefme fimmetrie aura efté
obfervée pour le regard de la largeur, foient auffi de mefme niveau en leur hauteur : Car il
peut arriver qu'une partie fimmetriée en largeur ne le fera point en hauteur. Pour exem-
ple les demies croifées, lefquelles vous pouvez affeoir en pareille diftance du milieu de
l'edifice, neantmoins les frontons qui leur feront impofez n'arriveront pas à la hauteur
de ceux des croifées entieres ; ainfi ce qui fera fimmetrié en largeur, ne le fera pas en hauteur ; partant tels ouvrages font à éviter.

Quant à la fanté des appartemens.

VOUS y pourvoirez faifant faire des falles du premier eftage plus haut que les rés de
chauffée de la terre de deux pieds, & plus, felon l'humidité du lieu auquel vous baftirez :
Car en ce faifant vous ne pourvoyez pas feulement à la fanté, mais auffi à la belle ordonnance, rendant par ce moyen voftre baftiment plus augufte & mieux éclairé : & faifant les
offices fous terre, il fera bon que la moitié de leur hauteur foit en terre, l'autre moitié
dehors.

Voila ce que nous avons jugé neceffaire de traiter touchant les preceptes generaux, lef-
quels s'ils ne font entierement obfervez aux premiers deffeins de nos baftimens, il ne le
faut trouver eftrange : dautant que le peu d'efpace en largeur nous a contraint de fortir
de nos regles propres. Pour les confiderations particulieres elles fe remarqueront aux
deffeins & difcours que nous ferons fur chacune place : furquoy nous vous donnerons advis
une fois pour toutes, que tout ce qui eft fitué à droit peut eftre mis à gauche, fans changer
aucune dimenfion, felon que la beauté de l'afpect ou une lumiere plus forte, ou la bonté
du mur voifin, ou quelqu'autre confideration importante, vous conviera d'élire plûtoft
l'un que l'autre.

Ce que l'on entend par les mots de Thoifes, Pieds, Poulces, & Lignes :
Le moyen d'en faire l'évaluation, & la maniere de Thoifer,
fuivant la Couftume de Paris.

LA Thoife eft compofée de pieds ; le pied eft compofé de poulces ; & le poulce de
lignes.

L'on peut confiderer la Thoife, ou felon fa longueur, ou felon fa fuperficie, & quarrée
ou cube, & de tout fens.

La Thoife en longueur contient fix pieds de long. La Thoife quarrée, & en fuperficie, contient trente-fix pieds quarrez, & enfin il y a 216. pieds cubes, dans la thoife cube.

Le pied & le poulce fe peuvent confiderer de la mefme maniere ; c'eft à dire, ou
en longueur, ou quarrez & en fuperficie, ou cubes & de tout fens. Le pied en longueur contient 12. poulces, & le poulce 12. lignes. Le pied quarré ou en fuperficie eft

composé de 144. poulces quarrez, & le poulce quarré de 144. lignes ; & enfin il y a dans le pied cube 1728. poulces cubes, & dans le poulce cube 1728. lignes cubes.

Pour évaluer les thoiſes, pieds, poulces, & lignes quarrez, & en ſuperficie, faut ſçavoir qu'une thoiſe courante ſur thoiſe, vient thoiſe quarrée au produit de la multiplication.

Thoiſe courante ſur pied, vient pied, & s'appelle ordinairement pied de thoiſe, deſquels pieds, les ſix font une thoiſe quarrée. Et chaque pied vaut ſix pieds quarrez.

Thoiſe courante ſur poulce, vient poulce, chacun deſquels vaut demy pied quarré, ou ſoixante & douze poulces.

Thoiſe courante ſur ligne, vaut ſix poulces quarrez.

Pied courant ſur pied, vient pied quarré, deſquels il faut 36. pour la thoiſe quarrée.

Pied courant ſur poulce, vient poulce, dont il faut 12. pour un pied quarré, & chaque poulce vaut 12 poulces quarrez.

Pied ſur ligne fait un poulce quarré.

Poulce courant ſur poulce, vient poulce quarré, deſquels il en faut 144. pour un pied quarré.

Poulce courant ſur ligne, vient ligne ſimplement, dont il en faut 144. pour un poulce quarré.

Thoiſe courante ſur demy poulce, fait quart de pied quarré, & chacun d'iceux quarts de pied vaut 36. pieds quarrez.

Thoiſe courante ſur quart de poulce, fait demy quart de pied ou un huitiéme de pied quarré, qui vaut 18. poulces quarrez.

Pied courant ſur demy poulce, vient autant de fois ſix poulces quarrez.

Poulce ſur demy poulce, vient demy poulce quarré. Et demy poulce ſur demy poulce, vient quart de poulce quarré.

Pour le thoiſé de la Maçonnerie.

Tous murs ſe thoiſent thoiſe pour thoiſe, & ſans en rien rabatre pour les croiſées; non pas meſme pour les portes cocheres, lors qu'il y a un ſeüil de pierre ; & s'il n'y en a point, les portes cocheres ne ſe thoiſent que pour moitiée d'icelles.

Les avant-corps, arrieres-corps, ſaillies, rétables, refends, entablemens, appuis, & plintes, ſe thoiſent ſeparément du corps deſdits murs. Tous membres d'Architecture ayant ſon filet ſur ſa longueur ou pourtour, ſe thoiſe pour un pied de haut. Les denticules ou modillons, vont pour deux pieds chacun ſur leur longueur, & les refends pour un pied ſur leur pourtour. Les lucarnes ſe thoiſent par leur hauteur & largeur, adjoûtant à leur largeur une joüée. Les manteaux de cheminée, vont pour mur, & ſe thoiſent depuis le deſſous des ſolives du plancher d'embas , juſques ſur le plancher immediatement au deſſous, & ce ſur leur pourtour pris ſur le corps nud deſdits manteaux, ſans rabattre le vuide, & outre cela on thoiſe leurs ſaillies & moulures ſeparément, comme a eſté dit cy-deſſus. Les thuyaux de cheminée ſe thoiſent auſſi pour mur, en prenant la hauteur deſdits thuyaux par leur pourtour, & rabattant les épaiſſeurs de languette. Les âtres de chaque cheminée de grand quarreau, vont pour un tiers de thoiſe , & les contrecœurs ſe thoiſent ſuivant leurs hauteurs & largeurs, & ce quis'y trouve ſe reduit à moitié; deux thoiſes de ces ouvrages n'allant que pour une, s'ils ne ſont de briques, auquel cas ils vont thoiſe pour thoiſe.

Les planchers quarrelez, ſe comptent thoiſe pour thoiſe. Les autres planchers & airs ſimples, vont deux thoiſes pour une. Les lambris & plafonds à lattes jointives, vont thoiſe pour thoiſe. Les plafonds qui ne ſont à lattes jointives, recouvrement de

poutres , & fablieres, vont trois thoifes pour une. Les pans de bois fimples , fe thoifent par leur hauteur & largeur , en rabattant les ouvertures & portes, mefmes les fablieres qui s'y trouvent , & vont deux thoifes pour une; fi elles font couvertes des deux
coftez , elles vont thoife pour thoife ; & fi elles ne font couvertes que d'un cofté , &
que les tableaux des portes & croifées foient recouvertes , l'on rabat la moitiée defdites
ouvertures, & une de ces thoifes ne fe compte que pour trois quarts de thoife. Il faut
deux thoifes de cloifons fimples pour une , & l'on rabat les hauteurs des fablieres &
ouvertures des portes. Les cloifons des deux coftez , vont thoife pour thoife , & celles
qui ne font couvertes que d'un cofté , vont aux trois quarts , & l'on rabat moitiée
des beez & ouvertures. Les affifes de pierre , ou la maçonnerie fous les cloifons , fe
thoifent toûjours pour mur. Les renformis des vieux murs , & redreffemens de planchers qui ne font de niveau , vont trois thoifes pour une. Les enduits fur vieils murs,
vont quatre thoifes pour une. Il faut quatre folives au deffus des poutres & fablieres
pour un pied. Chaque fellement de gache, gond , & corbeau, va pour un pied : comme auffi chaque fellement d'un barreau de fer en pierre de taille ; & fi ledit barreau eft
fellé en Maçonnerie par les deux bouts , va pour un demy pied. Le fellement d'une
poutre par les deux bouts , va pour demy thoife. Le fellement des croifées en vieil mur,
va pour fix pieds , & en mur neuf pour la premiere fois ne fe compte point. Thuyaux
d'aizance fe thoifent par leur hauteur fur fix pieds de pourtour, & vont pour une thoife; chaque fiege va pour douze pieds. Les contremurs qui font derriere lefdits thuyaux
jufques dans les foffes , vont thoife pour thoife. Les ventoufes qui font au deffus, vont
pour pied & demy. Les fellemens des trappes , vont pour douze pieds. Les éviers fe
thoifent par leurs longueurs , & chaque pied eft évalué à fix pieds quarrez. Les murs
d'appuy fe thoifent à thoife courante. Les parapets fe thoifent longueur par largeur ,
& vont thoife pour thoife. Les perrons fe thoifent par leur pourtour fur la longueur de
la marche du milieu , & vont thoife pour thoife.

     Les marches, coquilles & palliers des efcalliers , fe ceignent par le milieu defdites
marches ; & ce qui fe rencontre de pourtour fe multiplie par la longueur d'une marche , laquelle longueur doit eftre le tiers de la marche d'angle , de la demie à l'angle ,
de la quarrée , & vont thoife pour thoife. Les tranchées fe thoifent, outre la longueur
des marches , pour demy pied courant , ou on l'adjoûte à la longueur. Le quarreau
au deffus defdites marches ; il faut deux thoifes pour une , fans comprendre le bois
defdites marches. Les faillies qui fe trouvent és marches de pierre de taille defdits
efcaliers, vont pour un pied, quand le membre eft couronné fur leur longueur, & s'éva-
luent outré le corps defdites marches.

     Les murs d'echif fous les patins des efcalliers , vont thoife pour thoife ; & on doit ad-
joûter une face entiere fur la longueur, quand les deux faces paroiffent.

     Les marches des defcentes droites & potoyers , fe thoifent de la mefme façon que celles
des efcalliers , & les petits murs au deffous , auffi thoife pour thoife.

     Les voûtes ou trompillons fous les marches droites, fe thoifent pour murs fans reins ;
& ce fur leur pourtour & longueur. Les voûtes de cave en berceau , & celles des voûtes
d'aifances qui font en plein ceintre, fe thoifent par leur longueur fur leur pourtour, lequel
pourtour fe prend du deffus des retombées par une ligne diametrale , qui eft fuppofée de
neuf pieds par la ligne perpendiculaire de la clef de ladite voûte fur la ligne tenduë qui en
donnera quatre & demy ; & ce fera le pourtour, lequel eftant multiplié par la longueur de
la voûte fera un produit. Les reins defdites voûtes feront comptez pour le tiers dudit produit. Les terres maffives fe thoifent par leur longueur & largeur fur la hauteur , de laquelle
hauteur il faut rabatre la fixiéme partie : & il arrive un produit d'une ou de plufieurs thoifes,
felon les mefures données , mais il faut que chacune thoife foit compofée de 216. pieds
cubes , & chacune thoife vaut thoife , comme un mur. Ce qui fe fait pour la thoife

cube de terre, se fait aussi pour la Maçonnerie qui se trouve cube, puis qu'il faut six pieds de tout sens pour faire une thoise cube. Les puits, soit en figure ronde ou ovale, se thoisent par leur hauteur, depuis le dessus de la mardelle, & compris mesme une face jusques sur le roüet qui est au fond d'iceux, & ce sur leur pourtour, qui se prend du dedans œuvre dudit puits au dehors par la ligne diametrale, laquelle se multipliant trois fois, fait ledit pourtour pour les puits en figure ronde, & pour ceux en ovale mesme operation, hors qu'il faut prendre les deux diametres, & ne prendre que la moitié du produit, devant que de tiercer pour ledit pourtour. Ce present thoisé est de Monsieur Blondel.

EXTRAIT DV PRIVILEGE
du Roy.

PAr Lettres Patentes du Roy, données à Chaville le 8. Aoust 1680. Signées LE PETIT, & sceellées : Il est permis à *François Iollain, Graveur & Marchand de Tailles-douces à Paris*, de faire imprimer vendre & debiter en telle forme, grandeur & caractere que bon luy semblera, un Livre intitulé *Maniere de bien bastir pour toutes sortes de personnes.* Par P. LE MUET, & ce pendant le temps & espace de dix années, à compter du jour qu'il sera imprimé pour la premiere fois ; avec deffences à toutes personnes, de quelque qualité qu'elles soient, de contrefaire ny faire contrefaire ledit Livre, sous quelque pretexte, & en quelque maniere que ce soit, à peine de trois mil livres d'amande, & de tous dépens, dommages & interests, comme il est plus amplement porté esdites Lettres.

Registré sur le Livre de la Communauté des Libraires & Imprimeurs de Paris, le 7. Septembre 1680. suivant l'Arrest du Parlement du 8. Avril 1653. & celuy du Conseil Privé du Roy du 27. Fevrier 1665.

Signé, C. ANGOT, Syndic.

Achevé d'imprimer pour la premiere fois le 4. Janvier 1681.

Distribution de la premiere place ayant de Largeur 12 pieds, et de profondeur, depuis 21 pieds et demi à toute autre qui sera moindre que 25 pieds.

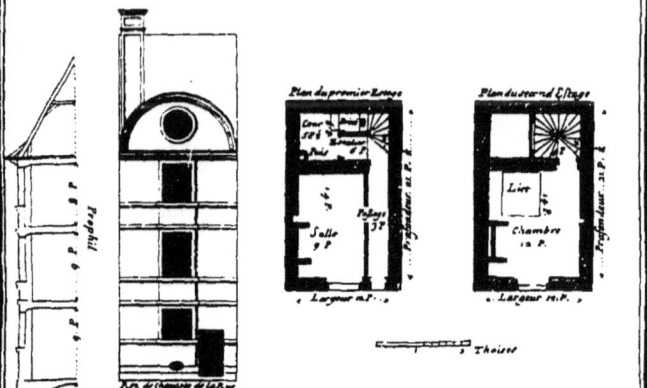

Plan du premier Estage

Plan du second Estage

Profil

Salle 9 P.

Potage 5 P.

Lict

Chambre 12 P.

Largeur 11 P.

Largeur 11 P.

Toises

Ken de chambre de la Rue

Caue

En cette place premiere de douze pieds de largeur, sur vingt et vn pieds et demy de profondeur, la largeur se distribue en vne salle de 9 pieds, et vn passage de 3. pieds. la profondeur se diuise en la Salle de quatorze pieds, et en vne cour de cinq pieds et demy de largeur; et le reste de la largeur sur toute cette profondeur, est employé en vn escalier qui aura 6 pieds en quarré, ou sous le rampant des marches sera fait le priué. Avn des angles de la cour ioignant la Salle est le puys. Pour la descente de la caue, elle se fera ou passage par le moyen dvne trappe, tant en cette figure comme aux suiuantes, iusques à la sixieme distributiõ de la 6º place. Pour le regard du 2º estage, la chambre ocupera la largeur tant de la sale que du passage, et partant cura 12 pieds de largeur, et pour la profondeur elle est reglee par celle de la Salle de dessous qui est 14 pieds; le reste de ce plan ne differe point du 1ºr. Et quant sur cette mesme largeur d'edifice la profondeur se trouueroit entre 21 pieds et demy et 25, les mesures de la largeur demeurant en leur entier, il faudroit distribuer le surplus de la profondeur en la cour et en la sale, selon le desir de celuy qui bastiroit. Et auons trouué bon de declarer toutes les mesures des edifices sur le discours particulier que nous auons fait de la structure d'vn chacun, encore que nous les eussions marquès par chiffres sur les plans pour plus grande instruction de ceux qui sont moins exercés en la connoissance des plans. Et Pour le regard des hauteurs, le 1ºr estage aura 9 pi. sous solives, depuis laire de la Salle et lepaisst du plancher, les solives comprises aura 8 pou. qui sera plus que suffisamt sur vne si petite largeur. Dont toute la hauteur sera de 9 pi. 8 pou. laquelle estant departie en 18 marches, ce sera 6 pou. 5 lignes 2 tiers pour la hauteur de chacune, laquelle distribution suiura aussi au second estage lequel a 9 pieds de haut, come le 1ºr. Le 3º Estage a de hauteur 8 pi. sous solives et 8 pou. depaisst compris les soliues et plancher. Cette hauteur de 8 pi. et 8 pou. estant distribuée en 16 marches nous donnera 6. pou. et demy de hauteur pour chacune, qui sont 2 tiers de ligne de plus que les autres marches; et partant leur difference est come insensible. Au dessus seront greniers. Et dautant que l'eschapée necessaire pour l'escalier est empeschée par la hauteur qu'il faut donner au priué, on descendra de la cour au priué par deux marches, dont l'vne sera dans la cour, et l'autre dans le priué, ayant chacune 9 pouces de hauteur.

Distribution de la seconde place ayant la même [2]

Largeur de 12 pieds, sur 25 de profondeur, laquelle seruira
pareillement jusqu'a quinze pieds de largeur et trentecinq
et demy de profondeur, le tout Inclusiuement.

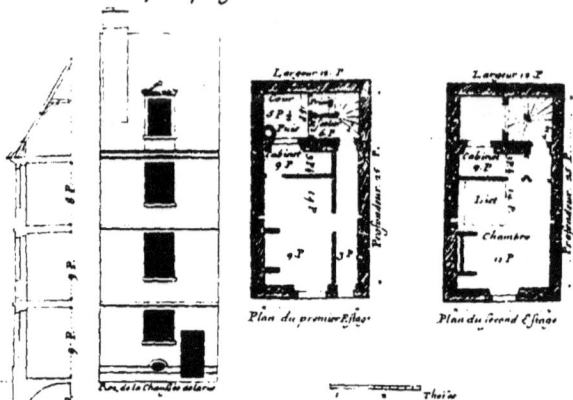

Plan du premier Estage.

Plan du second Estage.

Toise.

Rez de la Chaussée de la rue.

Caue.

La largeur totale est semblable a la figure precedente en toutes
ses parties, ainsy la Salle aura 9. pieds de largeur, et le passage 3. pi-
et ainsy pour l'estage de dessus, la Chambre aura la largeur de 12
pieds. La distribution de la profondeur se peut faire en 2. façons,
l'vne comme la precedente sans Cabinet, donnant l'excès de la profondeur qu'a cette figure plus que la precedente, a la Salle, ou a la
Cour, ou bien partie a l'vne, et partie a l'autre. La Seconde façon
est, pratiquant vn Cabinet au bout de la Salle, de 9 pieds de larg.
sur 3. pieds et demy de profondeur, Si vous le faisiez plus profond
vous n'auriez pas assez de place pour le lit, restant ainsy 14. pi-
de profondeur, tant pour la salle que pour la Chambre.
Nottez que depuis cette largeur jusqu'a celle de 19. pieds, le Cabinet ne se peut trouuer en autre sens, mais venant a 20, on le
pourra Changer comme il sera dit cy apres. Et ou la largeur
de la place sera plus grande que 12 pieds, et plus petite que 15
il faudra donner le surplus a la largeur de la Salle et de la
chambre; laissant tousiours le passage de 3. pieds. Et pour
la profondeur depuis 25 pieds iusqu'a 35 pieds et demy, l'aug =
mentation en sera departie a la salle, Cabinet et Cour; a la discretion du batissant. Les hauteurs seront de neuf pieds sous
soliues pour le premier, et second Estage, et de huict pieds pour
le troisie.me come en la figure precedente. La mesme hauteur des
marches sera suiuie en l'ouurage present.
La precaution pour l'eschappée de l'escalier au dessus du Priué
sera gardée comme en la figure precedente

Premiere distribution de la Troisieme place.
depuis quinze pieds de largeur, iusques à dixhuit pieds et demy,
et de profondeur, depuis trentecinq pieds et demy, iusques a 48 pieds et demy.

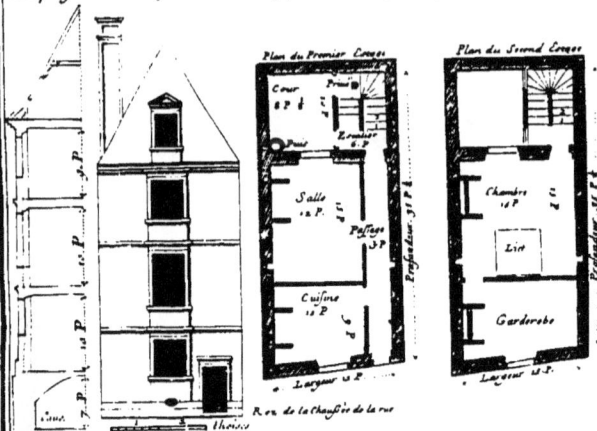

Plan du Premier Estage.
Plan du Second Estage.

Cour 9 P.
Priué
Escalier 6 P.
Priué
Salle 12 P.
Passage 3 P.
Cuisine 12 P.
Profondeur 35 P. ½
Largeur 12 P.

Chambre 15 P.
Lict
Garderobe
Profondeur 35 P. ½
Largeur 12 P.

R ez de la Chaussée de la rue.
Priué

Cette distribution se peut faire, en trois sortes diferentes, a chacune des
quelles nous auons approprié son dessein. La premiere retient la diuisiõ
en largeur des precedentes en la Salle de 12 pieds, et le passage de 3. mais la pro
fondeur adiouste aux precedentes vne Cuisine par bas, et vne garderobe par
haut, au lieu du Cabinet. L'escalier retient sa premiere situation et largeur, mais
non pas sa premiere forme. Car sa profondeur, compris l'escalier, en est augmen
tée iusques a 10 pieds, qui est celle de la Cour, et les marches se rencontrent de front a
ceux qui entrent, ce qui n'auoit lieu aux desseins precedents. La Cuisine aura doncq
9. pieds de profondeur, la Salle 15. et la Cour 10. côme dit est, et en cette distribution
on pourra changer de place a la Salle et a la Cuisine, fort aisement, n'estant questiõ
que de transporter la Cloison, reseruant a chacune sa propre profondeur. Ce
qui se doit aussi entendre de l'estage de dessus, si l'on veut, dautant qu'on le
peut laisser en sa forme, en changeant celuy de dessous. Au surplus nous
auons voulu representer la face du deuant de cet edifice en biais, parceque cela
arriue souuent aux situations des places des villes, afin de monstrer qu'encore qu'il
y ait vne des faces biaise, il ne faut pas laisser de faire les appartemens auec des
angles droit, ce qui soit dit vne fois pour toutes. La Hauteur du 1er et 2e estage
aura 10 pi. sous soliues, qui seront 10 pi. 8 pou. compris l'epaiss. du plancher, de la
quelle haut. la distribution se peut faire en l'escal. en 2. manieres. La 1re suiuãt
le dessein selon lequel on monte par 19. marches, et partant chacune marche au
ra 6. pou. 9. lignes de haut. La seconde maniere se pratique en donnant 8
marches au tour ant de l'escalier, au lieu de 10 pour le rendre plus aisé, et continu
ant l'escalier en tournant iusques contre la Chambre, qui le haussera de 4. marches,
et ainsi nous aurons en tout 21 marches: par lesquelles estant diuisée toute la hau
teur de 10 pi. 8 pou, nous aurons pour la haut. de chacune marche 6. pou. 1. ligne,
selon cette 2e maniere. Le 3e Estage a de haut. 9. pi. sous soliues, qui sera com
pris l'epaiss. du plancher 9. pi. 8. pou. lesquels diuisez par 19. marches, nous
donneront 6. pou. 1 ligne pour la hauteur de chacune. Au dessus seront greni
ers ou chambres en galletas, de 7 a 8. pi. sous soliues. L'incommodité de l'es
chapée de l'escalier au dessus du priué se suitera par la maniere dite cy dessus.

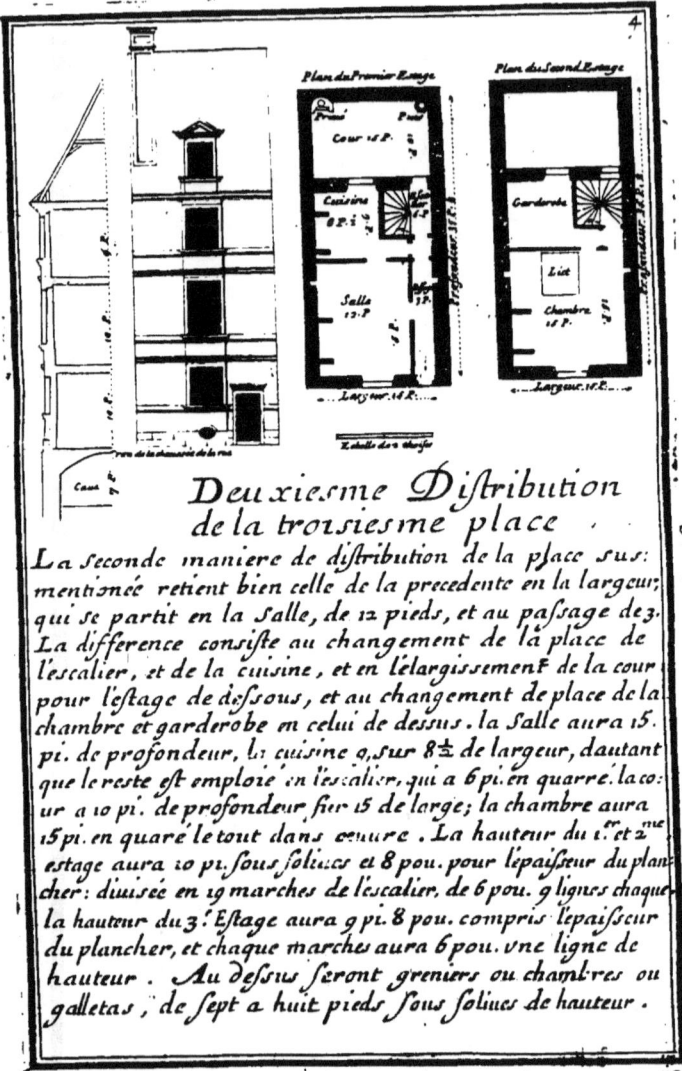

4

Plan du Premier Estage

Plan du Second Estage

Cour 15 P.

Cuisine
8 P. ½

Garderobe

Salle
12. P.

Lict

Chambre
15 P.

...Largeur 14 P...

...Largeur 15 P...

Echelle des 2 Etages

Veue de la cheminée de la rue

Caue

Deuxiesme Distribution
de la troisiesme place .

La seconde maniere de distribution de la place sus-
mentionée retient bien celle de la precedente en la largeur,
qui se partit en la Salle, de 12 pieds, et au passage de 3.
La difference consiste au changement de la place de
l'escalier, et de la cuisine, et en l'élargissement de la cour
pour l'estage de dessous, et au changement de place de la
chambre et garderobe en celui de dessus. la Salle aura 15.
pi. de profondeur, la cuisine 9, sur 8½ de largeur, dautant
que le reste est emploie en l'escalier, qui a 6 pi. en quarré. la co:
ur a 10 pi. de profondeur sur 15 de large; la chambre aura
15 pi. en quarré le tout dans œuure . La hauteur du 1.er et 2.me
estage aura 10 pi. sous soliues et 8 pou. pour lepaisseur du plan:
cher: diuisée en 19 marches de l'escalier, de 6 pou. 9 lignes chaque,
la hauteur du 3.e Estage aura 9 pi. 8 pou. compris lepaisseur
du plancher, et chaque marches aura 6 pou. vne ligne de
hauteur . Au dessus seront greniers ou chambres ou
galletas, de sept a huit pieds sous soliues de hauteur .

Troisiesme Distribution de la troisiesme Place.

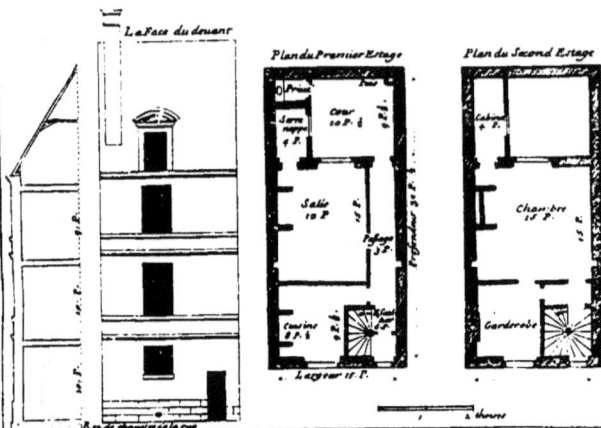

La Face du deuant

Plan du Premier Estage   Plan du Second Estage

La troisiesme maniere retient la distribution precedente pou
le regard de la largeur en la Salle de douze pieds, et au passa
ge de trois:mais faut faire changer de place à l'escallier, à la Cuisi
ne, et à la Salle.

L'escallier doncques se rencontre sur le deuant, et à mesme largeur de six
pieds en quarré. Alendroit du noyau se fera une seconde Porte qui se tien
dra fermée lorsque la premiere sera ouuerte: à coste de l'escallier est la
Cuisine, ayant de profondeur neuf pieds et demy sur nuict et demy
de largeür: la Salle quinze pieds de profondeur, et à l'un des bouts se fera
un petit Serre Nappe: derriere lequel sera le priué: la Cour aura neuf pieds
et demy de profondeur sur dix et demy de largeur.

L'estage de dessus la garderobe sera en tout et par tout semblable à la
Cuisine, et la Chambre aura quinze pieds en quarré, en un angle de laquel
le regnera un Cabinet sur toute la profondeur de la Cour.

Et depuis la largeur de quinze pieds iusqu'a dixhuict et demy exclusiue
ment, Vous pouuez garder la mesme distribution en donnant tousiours
trois pieds au passage, et six à l'escallier, et eslargissant les autres parties
du surplus. Mais pour le regard de la profondeur depuis trente cinq
pieds et demy iusques a quarante cinq et demy, l'augmentation se distribue
ra sur la Salle, Cuisine, et Cour, à la discretion et uolonté de celuy qui bas
tira: comme aussi luy est reseruée l'eslection de l'une des trois formes precedentes

La hauteur du premier et 2.e Estage aura dix pieds sous Soliues, et dix neuf
marches, et partant la hauteur de chacune marche sera de six pouces neuf li
gnes, comme en la figure precedente.

La hauteur du 3.e estage aura, compris le plancher, 9. pieds 9 pouces, et pareille
quantité de marches; et partant la haut. de chacune sera de 6. pouces une ligne.
Au dessus seront greniers, ou chābres engalletas, de 7. a 8. pieds sous soliues de haut.

Distribution de la quatriesme place

Depuis dixhuit pieds et demy de largeur, jusques a vingt, et de profondeur depuis cinquante pieds jusques a 61 et demj.

En cette distribution vous gardez tousiours celle de la largeur en donnant 3 pieds au passage, et le reste à la Salle et autres appartemens. La diuersité d'auec les prece= dens consiste en vn corps de logis de plus, qui se fait au bout de la cour, dont vous pouuez faire seruir d'écurie l'étage d'en bas, ou de chambre à v̄re discretion. La sale donc aura 15 pieds de largeur sur 17 pieds de profondeur. La Cuisine aura 11 pieds et demy de largeur sur 9 de profondeur, à costé de laquelle sera l'escali= er tousiours de six pieds en quarré. La Cour aura 18 pieds et demy de largeur sur 11 de profondeur, au bout de laquelle sera vn petit corps de logis sur toute la largeur de 18 pieds et demy, sur 10 pieds et demy de profondeur, et à l'vn des bouts de ladite largeur sera le priué derriere lequel sera la place d'vn lit pour vn garçon. L'étage de dessus suiura la distribution de celuy de dessous, et aura de plus vne gallerie de 3 pieds de largeur, pour aller d'vn Corps de logis à l'autre. La Chambre donc aura 18 pieds et demy de largeur sur 17 de profondeur: et la garderobe 11 pieds et demy de large sur 9 de profondeur. Cette distribution se pourroit encore changer en chacune des deux autres representées par la 3.e et 5.e figure, n'estoit la difficulté de l'escalier lequel ne donneroit pas si commode communication d'vn corps de logis à l'autre, comme il fait en la presente forme. Et depuis la largeur de 18 pieds et demy jusques a 20, v vous pouuez garder la mesme distribution donnant tousiours 3 pieds au passage, et 6 pieds en quarré à l'escalier, et eslargissent les autres parties de surplus. Mais pour le re= gard de la profondeur depuis 50 pi. jusques a 61 pi. et demy, l'augmentation se distribuera sur la Salle, Cuisine, Cour et logis de derriere, à la discretion et vo= lonté de celuy qui bastira. La hauteur du 1.er et 2.d Estage du principal corps de logis qui est sur le deuant aura 10 pi. sous soliues, qui sera 10 pieds 8 pou. compris l'épaisseur des soliues et plancher, laquelle hauteur distribuée aux 19 marches de l'escalier, nous donnera 6 pou. 9 lignes pour la hauteur de chacune. Le 3.e Estage aura 9 pi. 8 pou. de haut, compris l'épaisseur des soliues et plancher, laquelle distribuée sur pareille quantité des marches, ce sera 6 pou. 1 lig. sur la haut.r de chacune. Au dessus seront greniers ou chambres en galetas de 7 a 8 pieds sous soliues. La hauteur du Corps de logis de derriere aura 8 pi. 4 pouces sous soliues qui sera neuf pieds, com= pris l'épaisseur des soliues et plancher: et d'autant que la hauteur de chacune marche est de 6 pouces 9 lignes, il y faudra monter par 16 marches, dont les 12 se prendront en l'escalier, et les 4, tant en l'épaisseur qu'en la profondeur de la gallerie. Le 2.e Estage aura 9 pi. sous soliues, et 9 pi. 8 pou. com= pris l'épaisseur des soliues et plancher, et au dessus seront greniers.

7

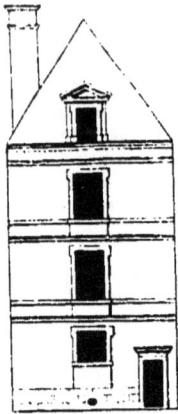

Les faces du corps de devant

Les faces du petit corps de Logis de derriere

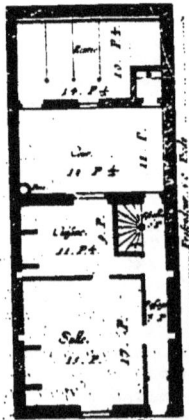

Plan du premier Etage.

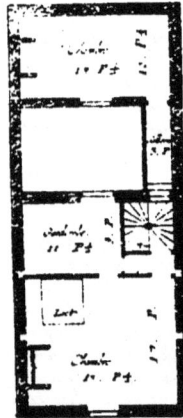

Plan du second Etage.

Distribution de la Cinquiesme Place

Depuis 20 pieds de largeur, jusques a trente, et sur la
mesme profondeur de soixante et vn pieds et demy.

8

La grandeur de cette place nous donne des aduantages que nous ne pouuions auoir aux
precedentes, c'est pourquoy sa distribution est grandem.t differente des autres, et pouuions
auoir 2 Cours au lieu d'vne, et escalier à 2 palliers, et le passage assis au milieu ou en lang le,
a n.re choix, au lieu qu'aux bastimens precedens il estoit relegué en lang le necessairem.t Ce passage donc est constitué au milieu de la largeur de l'edifice de 4 pieds de largeur, ay ant d'vn costé
la Cuisine et l'escalier, et de l'autre le gardemanger. La Cuisine come aussi le gardemanger
auront de largeur 8 pi. sur 10 de profondeur. la Cour aura 13 pi. de largeur sur 19 de profondeur, et le reste de la largeur qui sont 7 pi. demeureront pour la largeur de l'escalier,
compris l'espaisseur du mur. De la Cour on monte 2 marches pour entrer en la Salle qui aura 20 pi. de largeur sur 18. de profondeur, et le reste de la profondeur, qui est dix pi, sera employé en vne petite Cour de derriere, et en vn Cabinet à l'vn des angles de la Salle, qui aura
6. pi. de largeur sur la mesme profondeur de la Cour. Pour l'estage d'en haut du corps de
logis de deuant, vous aurez la Chambre et l'escalier d'vn costé, et la garderobe de l'autre, la
chambre aura 13 pi. de largeur sur 10 de profond.r et la garderobe 7 pi. de largeur sur la
mesme profondeur, et en l'vn d'vn angle de la chambre, entre la chambre et l'escal.er sera le priué.
Pour le corps de logis de derriere, la chambre aura 13 pi. de largeur sur 18 de profondeur,
la garderobe 7 pi. de largeur, sur 15 de profondeur, le cabinet de dessus sera semblable à celuy
de dessous. Cette distribution se peut changer sans alterer aucune des mesures. Premie-
rem.t en laissant le passage dans le milieu ou il est, ce qui se peut faire en 2 manieres: à sçauoir en transposant la cuisine et le gardemanger d'vne main à l'autre, et ne bougeant
l'escalier de sa place, ou bien en faisant le mesme. eschange, et transposant aussi l'escalié
Et celle cy semble estre plus à propos, d'autant que la Cuisine, l'escalier, et entrée de la Salle
estans de mesme costé, le Seruice se fera à couuert. Secondement le changement se peut
faire en ostant le passage du milieu pour le situer à l'vne des extremitez, quoy faisant
vous poserez la cuisine et le gardemanger l'vn contre l'autre, et pourrez eslargir la Cuisine jusques à 10 et 12 pi. que vous gagnerez sur le gardemanger, qui n'a pas besoin de si
grande largeur, en quoy faisant vous aurez election de situer, ou le passage, ou la Cuisine
du costé de l'escalier, selon que vous trouuerez l'vn plus à propos que l'autre. Cette distributio
se peut encore changer en 4 sortes, selon les desseins portez par les figures 3. 4. 5. et 6.e en separant
l'augmentation de la place, tant en largeur qu'en profondeur, à chacun appartem.t selon qu'il
sera trouué plus conuenable. Et depuis la largeur de 20 pi. jusques à 30, vous ne pouuez rien
changer en la forme, mais bien pourrez vous donner 7. ou 8. pi. de largeur à vostre escalier, et le
reste à la Salle, et autres parties: et lors que vostre largeur excedera 24. pi. il faudra changer l'assi-
ete de vos poutres de la largeur en la profondeur. Pour la profondeur elle ne reçoit point d'autre
changem.t que celuy qui est mentionné cy dessus. Et la mesme largeur demeurant come dessus, si
la profondeur n'excedoit point 58. pi. alors il ne faudroit plus parler de faire 2 Cours, mais la distributio se pourroit faire en l'vne des 2 manieres suiuantes. La hauteur du 1.er et 2.d Estage du corps
de logis sur le deuant aura 9. pi. sous soliues, qui seront 9 pi 8 pou. compris l'espaisseur des soliues et plancher. On y montera par 21 marches, et partant la hauteur de chacune sera de 5 pouces
6. lignes 3. tiers. Du rez de chaussée de la Cour on montera par 2 marches pour entrer en la salle du
principal Corps de logis qui est derriere, laquelle Salle aura de haut, depuis l'aire sous soliues
11 pi. qui sera compris l'espais.r des soliues et plancher, 11 pi. 8 pou. Et d'autant que les marches ont
5 pou. 6 lig. 3 tiers dehaut, il en faudra 26, dont il y en a 19 en l'escalier, restent 7 marches qui seront
pratiquées dedans le rampant qui est sur la Cour. Le 2.d Estage du principal corps de logis
aura 10 pi. sous soliues, et 8 pou. depuis de plancher, compris les soliues, et partant on y montera
par 23 marches de 5 pou. et demy chacune. Le 3.e Estage aura 9. pi. 8 pou. compris l'espais.r
du plancher, et partant on y montera par vingt et vne marches de 5 pou. et demy chacune.
Au dessus seront greniers, ou chambres en galletas de sept à huit pieds sous soliues
de hauteur.

9

Face du Logis de devant.

Face du petit corps de Logis du coté de la Cour.

Plan du premier Étage.

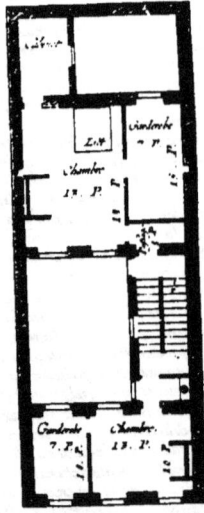

Plan du second Étage.

Distribution de la sixiesme place
de trente pieds de largeur, jusques à trente huit pieds,
et de cinquante huit de profondeur, jusques à Cent.

En la premiere figure de cette distribution qui est la huitiesme en ordre, la largeur
de trente pieds est diuisèe en vn passage de 4 pieds et demy, et vne Salle de 25. pi. sur 20
de profond.ᵉ laquelle est suiuie de la Cour qui à dixneuf pi. de profond.ᵉ et de largeur
21. Et le reste de la largeur employé en vn escalier qui à huit pi. de larg.ᵉ dans œuure
Le reste de la profondeur est employé en vn corps de logis derriere, ayant 15. pieds
de profond.ᵉ, dont la larg.ᵉ se diuise en vne cuisine de 19. pi. et vng ardemanger de 10.
La distribution du second Estage suit celle du premier, hormis au corps de logis de
deuant, ou la chambre aura 20 pi. en quarre, et la garderobe 9 pi. et demy de larg.ᵉ
Et quand sur la mesme largeur la profond.ᵉ se fust trouuèe plus grande, en sorte que
l'on eust pû pratiquer vne Cour ou jardin sur le derriere, on eust pû faire que le Corps
de logis de derriere eust esté esclairé de 2 costez, sans changer la distributiõ des parties.
Il faut noter qu'en tous les desseins precedens, à cause du peu de largeur des places, nous
auons fait estat de cloisons dáis qui n'ont qu'vn pouce d'espais.ᵉ Aux suiuans ou nous
auons plus de commoditè pour la largeur, nous les supposons de charpenterie et plastre, dont les posteaux et sabliers auront de 4 à 6. pou. afin que personne ne se trom-
pe aux nombres par lesquels sont marquès les largeurs et profondeurs de nos appartemens, lesquels doiuent tousiours estre entendus dans œuure côme cy deuant. Il
faut aussi prendre garde que iusques icy nous auons tousiours donné 8. pou. pour
l'epais.ᵉ des soliues et du plancher, qui sont 3 pou. pour l'epais.ᵉ du plancher, et 5. pou. po.
celles des soliues, qui estoit suffisam.ᵗ pour la petite portèe des Edifices precedens. Mainten.ᵗ
po.ᵉ ceux qui suiuent. nous en donnons 9. dont les 6. sont po.ᵉ l'epais.ᵉ des soliues, et 3 po.ᵉ l'e-
paiss.ᵉ du plastre qui ne croist n'y diminue. Quant aux haut.ᵉ l'aire de la salle sera plus
haute d'vn pi. que le rez de chaussèe de la cour, à laquelle Sale on môtera par 2 marches. La
Sale aura de haut.ᵉ sous soliues 12 pi. 3 pou. et côpris les soliues et epais.ᵉ du plancher 13. pi. à laquelle haut.ᵉ on môtera par 26. marches de 6. pou. chacune, dont les 23. seront au rampât
adossé contre le mur, et les 3 autres à celuy qui regarde la cour. Le 2.ᵈ Estage aura 11 pi. 9
pou. compris l'epais.ᵉ du plancher, laquelle diuisèe par 26 marches, nous donnera 5 pou.
5 lig. po.ᵉ la haut.ᵉ de chacune. Le 3.ᵉ Estage aura 10 pi. 9 pou. compris l'epais.ᵉ du
plancher, laquelle diuisèe par 26 marches donnera 5 pou. po.ᵉ la haut.ᵉ de chacune. Au
dessus seront greniers ou châbres en galletas de 7 à 8 pi. sous soliues de haut.ᵉ Le Corps
de logis de derriere sera aussi plus haut d'vn pi. q. le rez de chaussèe de la cour, auquel
on montera pareillem.ᵗ par 2 marches, et aura de haut.ᵉ depuis l'aire sous soliues 10 pi. 9
pou. et auec l'epais.ᵉ des soliues et plancher 11. pi. et demy, auxquels on montera par 23.
marches de l'escalier de 6. pou. chacune. Et po.ᵉ le 2.ᵈ Estage, il aura de haut.ᵉ sous soliues
9 pi. 8 pou. et auec les soliues et plancher 10 pi. 5 pou. de laquelle haut.ᵉ, il faut deduire
2 pi. et demi pour la haut.ᵉ des marches, qui sont au rampant qui regarde sur la Cour:
reste 8 pi. 11 pou. a monter par des marches qui auront 5 pou. 5 lig. chacune, et partant il y en aura 20, dont il faudra faire la distribution contre le mur. Au dessus
seront greniers ou Chambres en galletas de 7 à 8 pi. sous soliues de haut.ᵉ

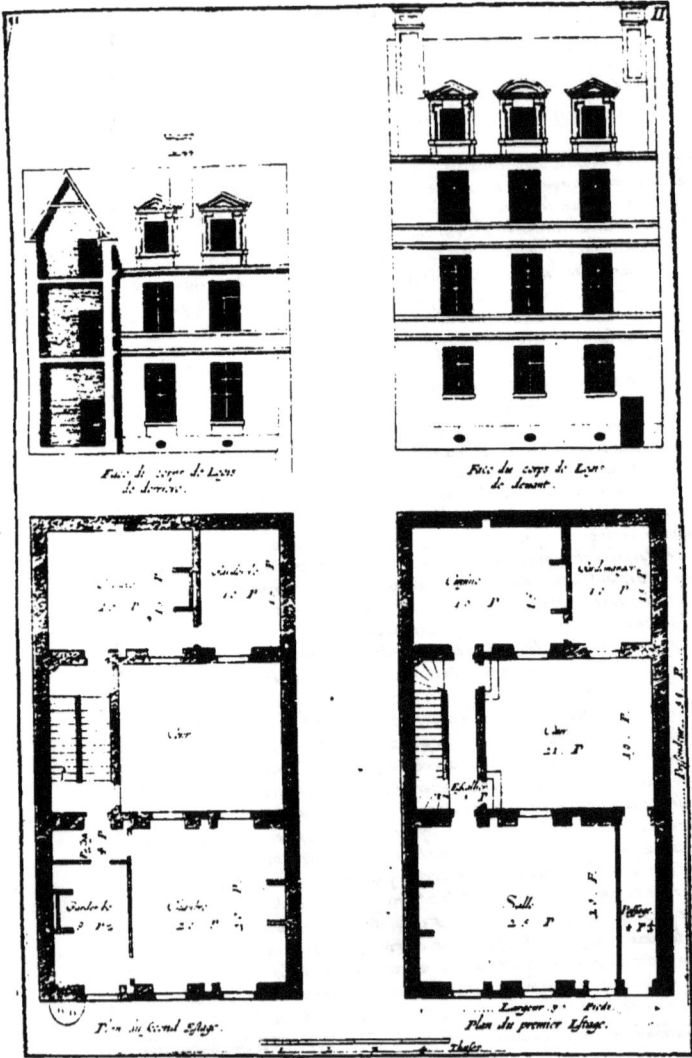

II

Face du corps de Logis
de derriere.

Face du corps de Logis
de devant.

Plan du second Estage.

Longueur 9 Pieds
Plan du premier Estage.

Toises

Deuxiesme distribution de la 6.ᵉ place,

ayant mesme largeur de trente pieds, et de profondeur
cinquante huict pieds.

La Seconde distribution de ce mesme espace, suit en largeur la sepa=
ration precedente, en vn passage de quatre pieds et demy, et le reste en
vne Salle de vingt cinq pieds, sur vingt de profondeur, laquelle est
suiuie d'vne Cuisine de dixsept pieds de profondeur, sur vingt de
largeur; et le reste de la largeur est employé en l'escalier, qui a neuf
pieds de large dans œuure; et au bout de la Cuisine est vn garde=
manger de huit pieds de largeur, sur onze de profondeur, derriere
lequel est le priué. Et par ce moyen nous auons fait vn Corps de
logis double, en mettant la Cour derriere, qui a vingt et vn pieds
de largeur, sur dixsept et demy de profondeur. Il n'y a aucun
changement en l'Etage de dessus, sinon que la Chambre a vingt
pieds en quarré, et la Garderobe neuf pieds et demy en largeur,
ou l'on pourra faire vne Cheminée ainsy qu'il est porté par la
figure cy deuant. Pour les hauteurs, la Salle aura douze
pieds trois pouces sous soliues, et treize pieds, compris l'epaisseur
des soliues et plancher; auquel Estage on montera par vingt six
marches de six pouces chacune. Le Second Estage aura onze
pieds neuf pouces de hauteur, compris l'epaisseur du plancher, et
monteront par vingt quatre marches. Le troisiesme Estage
aura dix pieds neuf pouces, compris l'epaisseur des soliues et plancher,
auquel on montera par vingt deux marches.
Au dessus se feront greniers ou Chambres et galletas a la ma=
niere susdite.

Face du logis du coté de la rue.   La face du coté de la cour.

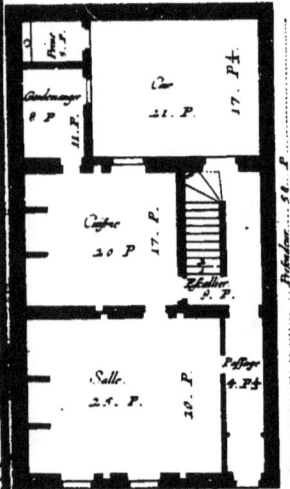

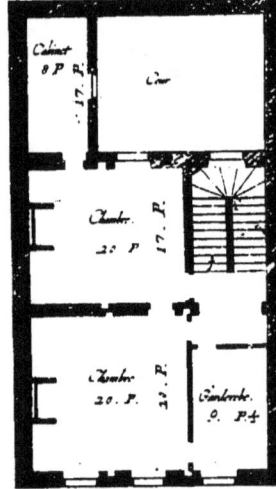

Plan du premier estage.   1   2   3   4 toises.   Plan du second estage.

Distribution de la Septieme place,
de trente huict pieds de largeur ou environ,
Et de profondeur Cent pieds :

Cette place n'a qu'vne seule distribution. d'autant que tout le changement qui se peut faire d'icelle peut estre reduit aux deux figures precedentes. Elle a donc trente huict pieds de largeur sur cent pieds de profondeur, et consiste en deux corps de logis: le premier sur le deuant, dont la largeur se distribuë en vne cuisine de quatorze pieds de large sur vingt pieds de profond, et vne ecurie ayant pareilles dimensions que la cuisine, et vn passage pour carosse entre les deux de 9. pi. de largeur. Apres suit la cour ayant trente pieds de profondeur sur vingt huit de largeur, et le reste de la largeur sur toute cette profondeur est employé en vn escalier qui a 9. pi. de largeur, et en vn garde-manger de pareille largeur, sur 7. pi. de profond, ioignant la Cuisine. Le principal corps de logis qui est sur le derriere consiste en vne Salle, ayant 25 pieds de largeur, sur vingt deux de profond; et au reste de la larg. est vne chambre ou Sallette, entre laquelle et l'escalier y a vn passage de quatre pi., au fond duquel se pratiquera vn priué. Au reste de la profond. sera vn jardin, dans lequel on entrera par la Salle, ou par la Sallette, ainsi que l'on voudra. L'estage de dessus a les mesmes distributions que celuy de dessous, reserué qu'au corps de logis de deuant sur l'écurie est vne chambre sur le passage, vne garderobe; et sur la Cuisine vn Cabinet. Il arriuera quelquefois que la place proposée aura plus de larg. que les susdites, et moins de profond. qu'il enfaudroit pour construire 2 corps de logis, en la situatiō qu'ils sont aux figures precedentes, et alors il faut changer l'ordonnance selon l'vne des manieres qui sera deduite cy aprés. La descente de la Caue se fera par le dessous de l'escalier, tant au principal corps de logis qu'en celuy sur le deuant; et si l'on vouloit du costé de la ruë par dessous la cheminée de la cuisine.

15

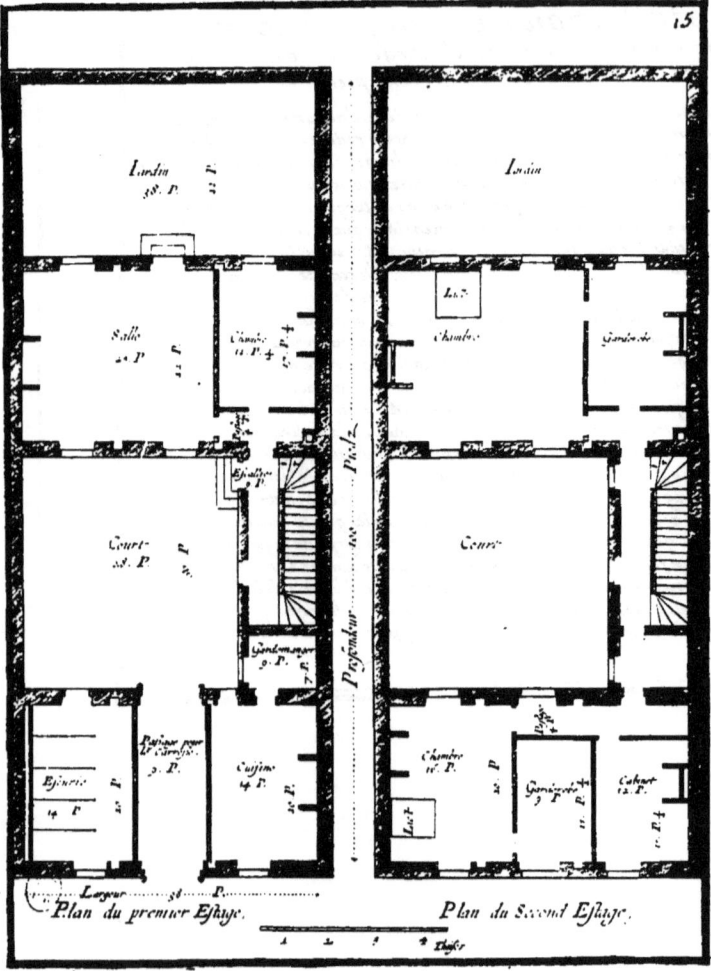

Plan du premier Estage.

Plan du Second Estage.

Eleuation de la face tant du Corps de Logis de deuant que celuy de derriere La Septiesme place

16

Face du Corps de Logis Sur le deuant

Face du Costé de la Cour du principal Corps de Logis

L'aire du Corps de Logis de deuant aura mesme niueau auec celle de la Cour; le premier Estage aura de hauteur 14 pieds 6 pouces soubs soliues, et 15 pieds 3 pouces, compris lepaisseur des soliues, et plancher, auquel on montera par 3 marches de 6 pouces de hauteur chacune, qui sera L'aire du paslier de lescalier et du Corps de logis de derriere, lequel aura de hauteur sous soliues 13 pieds 9 pouces, auquel on montera par 24 marches de 6 pouces 10 lignes chacune, lesquelles vous conduiront tant au Corps de logis de deuant, qu'en celuy de derriere, puis quils ont mesme niueau.
Le Second Estage tant deuant que derriere, sera eleué de 12 pieds sous soliues, et 9 pouces pour lépaisseur des soliues et plancher, auquel on montera par 24 marches de 6 pouces 5 lignes chacune.
Le troisiesme Estage, tant deuant que derriere, aura de hauteur 10 pieds sous soliues et mesme epaisseur et nombre de marches que le second Estage. Au dessus sont les greniers ou Chambres en galletas, de 8 a 9 pieds sous soliues de hauteur.

Distribution de la huictieme place.
Ayant de largeur cinquante pieds Sur Cinquante huict de profondeur.

La distribution se peut faire en trois manieres, en la première
desquelles cette largeur de cinquante pieds est employée en vn corps
de logis sur le deuant, de vingt deux pieds de profondeur, dont la lar=
geur se distribue en vne Salle de vingt sept pieds et demy, vn paſſage
de huict pieds, et vne escurie de treize. Le reste de la profondeur consiste
en vne cour de trente deux pieds de largeur, et le reste de la largeur com=
prend vne cuisine, gardemanger, et escalier ioignant la Salle, dont les
mesures sont descrites sur le plan, ainsy que le reste de la distribution,
et à l'vn des angles de l'escalier sera le priué. La distribution du 2^d plan
se verra cy apres.

Second Estage de la Iere Distribution
de la huictiesme place.

Le Second estage consiste en deux chambres et vne garderobe; la
premiere assise sur la Salle, ayant 13 pieds et demy de larg. sur 17 et de=
my de profond. le reste de la profondeur estant employé en vn paſſage de
quatre pieds entre la dite chambre et l'escalier; la seconde chambre ioignant
la premiere aura dix neuf pieds de largeur, sur toute la profond. de vingt
deux pieds; la garderobe sera de treize pieds de larg. sur la mesme profond.
la place du lit de la principale chãbre se peut mettre contre la cloison. Au
deſſus de la cuisine et du gardemanger sera vne chambre de 16 pi. et demy
de larg. sur 24 de profond. et est à l'optiõ de celuy qui bastir d'elever egale.
les 2 corps de logis, ou autrem. ainsi qu'il verra bon estre. L'elevatiõ de la
face qui regarde la Cour est icy inserée au deſſus de l'elevatiõ du 2^d estage:
mais elle n'a besoin d'aucune declaratiõ particuliere pour ce qu'elle ne change
point de mesure auec la precedente.

Face du corps de Logis de deuant.

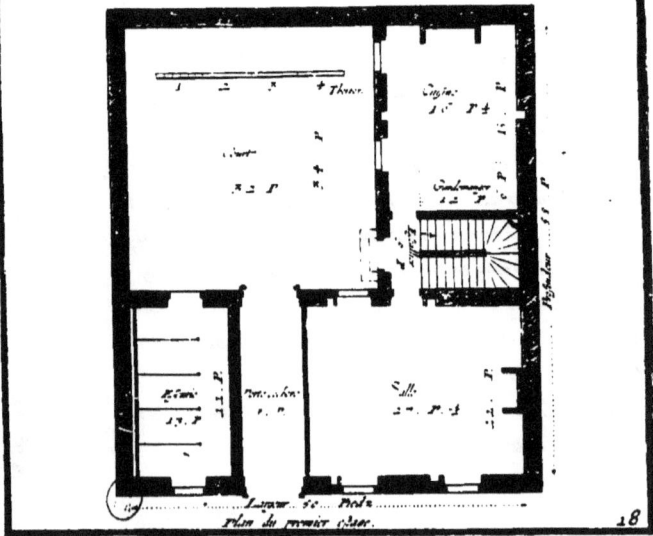

Plan du premier etage.

Plan du côté de la Cour.

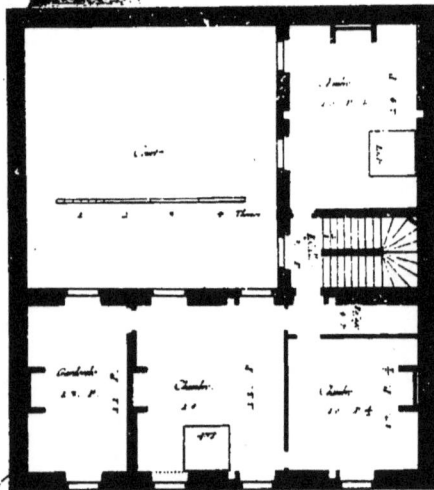

Plan du Grand-Étage.

Deuxieme distribution de la 8.ᵉ place,
Ayant mesme largeur de 50 pieds, sur 58 de profondeur.

La Seconde maniere selon laquelle se peut distribuer lespace susmentioné, est par vn Corps de logis, scitué sur le deuant, ayant de profond.ʳ 38 pieds et demy dans oeuure, sur toute la larg.ʳ laquelle se distribuera sur le deuant en vne salle, ayant 30. pi. de largeur sur 20 de profondeur, vn passage de 5 pieds, et vne Ecurie de 14 pi. de larg.ʳ Le derriere comprendra vne Cuisine et vne Chambre, lescalier estant entre les deux. La Cuisine aura 25. pi. de larg.ʳ sur 17 de profond.ʳ, lescalier 9. pi. et vne chambre 13 pi. et demy. Au bout de la Cuisine est vn gardemanger ayant 9 pi. de largeur, sur onze pi. et demy de profondeur, derriere lequel sera le priué. l'on pourra mettre à vn des angles de lescalier vn priué pour seruir en haut. La Cour aura 40 pi. de larg.ʳ sur 17. et demy de profond.ʳ   La descente de la Caue se prendra toute droite sous le premier rampant de lescalier. Que si on vouloit dedans la mesme profond.ʳ tenir la Cour vn peu plus grande, on pourroit gaigner 2 pi. sur la profond.ʳ de la salle.   Pour les hauteurs l'aire du logis sera 2 pi. plus haut que le rez de chaussée de dehors, et pour y monter vous pourrez auoir diuerses façons. la 1.ʳᵉ en prenant vne marche ou deux sur la rüe, et le reste en lepais.ʳ du mur, si vous est permis. sinon vous prendrez toutes les marches dans le passage, ainsi quelles sont ponctuées sur le plan. Et pour descendre en la Cour qui aura mesme rez de chaussée que le dehors, l'escoulement des eaux deduit, on prendra 2 marches dans le passage de l'escalier et 2 au dedans de la Cour, afin de donner échapée côuenable à la porte de la cour. Le 1.ᵉʳ Estage aura de haut.ᵉ 13 pi. sous soliues, et 13 pi. 9. pou. côpris lepais.ʳ des soliues et plancher, auquel on montera par 29. marches de 5 pou. 8. lignes de haut.ᵉ chacune.   Le 2.ᵈ Estage aura de haut.ᵉ 12 pi. 9. pou. côpris lepais.ʳ des soliues et plancher, auquel on montera par 26 marches, qui auront 5 pi. vne lig.ᵉ de haut.ᵉ chacune. Le 3.ᵉ Estage aura 10 pi. 9 pou. de haut.ᵉ côpris lepais.ʳ des soliues et plancher, auquel on montera par 26. marches de 5 pou. chacune. Au dessus se feront greniers ou chambres en galetas de 8 a 9 pi. sous soliues.

Second Estage de la 2.ᵉ distribuõn de la 8.ᵉ Place

Ce Second Estage consiste en 2 chambres sur le deuant, et vne garderobe ou cabinet entre deux. La 1.ʳᵉ chambre aura 25. pi. de largeur, sur 20 de profond.ʳ la garderobe ou cabinet dix pi. de larg.ʳ, sur 15 et demy de profond.ʳ à cause d'vn passage de 4 pi. derriere le dit cabinet. La chambre aura 14 pi. de largeur, sur toute la profond.ʳ. et sur le derriere y aura 2 chambres, et lescalier entre deux. la premiere de 25 pi. de larg.ᵉ sur 17 de profond.ʳ lescal. de 9 pi. de larg.ʳ l'autre chãbre ou Cabinet 13 pi. et demy de large, sur toute ladite profond.ʳ de 17 pi. Au bout de la 1.ʳᵉ chambre sur la gardemanger sera vne garderobe e sur toute la profond.ʳ de la cour. Toutes les parties de ces estages sont tellem.ᵗ degagées, q.ᵉ l'on sen peut seruir ainsi q.ᵉ l'on voudra. Vo.ˢ auez au dessus du plan du 2.ᵉ Estage l'éleuatiõ de la face qui regarde la cour, laq.ᵉ po.ʳ n'auoir de mesures separées, n'a besoin d'aucune particul.ʳᵉ declaratiõ.

21

La tête du Ligne de devant.

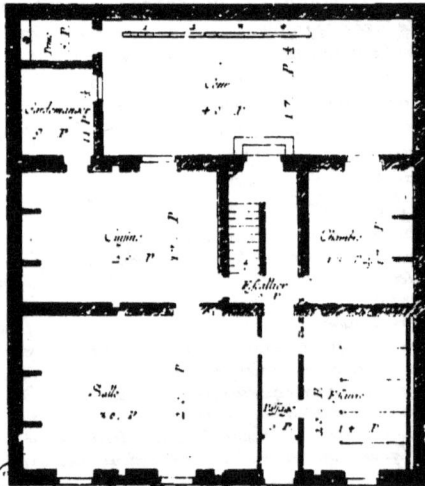

Plan du Premier Estage.

La face du Logis sur la terrasse.

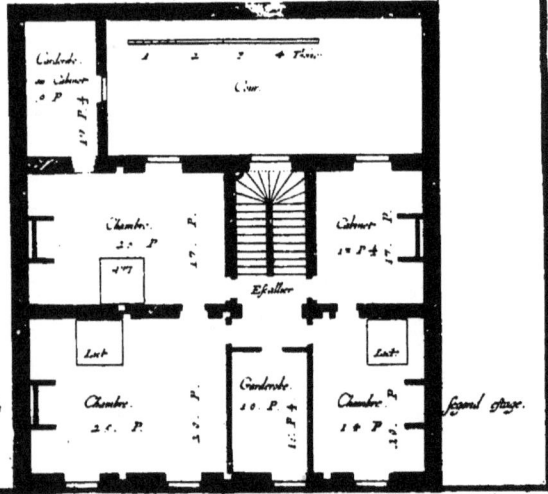

Gardérobe ou Cabinet.
0 P 4

Cour.

1 2 3 4 Thoises

Chambre.
2.° P.
1.°'7

Cabinet.
1.° P 4

Escalier.

Lict

Lict

Plan du

Chambre.
2.° P.

Gardérobe.
10 P 4

Chambre.
1.° P.

second étage.

23 Troisiesme distribution de la huictie.^e
place de cinquante pieds de larg.^r
Sur Cinquante huict de profond.^r

Cette distribution consiste en vn corps de logis double, ayant
de profond.^r dans œuure trente six pieds, sur la largeur de cinq.^{te}
pieds, laquelle se distribuera en vne Salle, escurie et cuisine, separées
de la salle par vn passage et escalier. Le plan oy à costé vous fera
voir le reste des commoditez, et les mesures de chacunes d'icelles.
L'aire du logis sera deux pieds plus haut que le rez de chaussée de
dehors, pour y monter prenez deux marches sur la ruë, ou dans
le passage, ainsy qu'elles sont ponctuées dans ce plan; et pour des =
cendre en la Cour, prenez deux marches dans le passage de l'escalier,
et deux dans la Cour, afin de donner à la porte son eschapée.
Le premier estage aura 13 pieds de hauteur, auquel on montera
par trente vne marches, de 5. pou. 8. lignes chacune. Le 2.^d Estage
aura douze pieds neuf pou. compris l'epaiss.^r des soliues et plancher,
auquel on montera par 24 marches de 6. pou. 4. lig. et demy chacune.
Le 3.e Estage aura dix pieds neuf pou. de haut.^r compris l'epaisseur des
soliues et plancher, auquel on montera par 24 marches des 5. pou. 4. lig.
et demy chacune. Et au dessus seront greniers ou chambres en ga =
lettes de 7 à 8 pieds sous soliues de haut.^r

Second Estage de la 3.e distributiõ
de la huictiesme place

Le second Estage consiste en deux chambres, chacune accompa =
gnée de garderobe et cabinet. la premie^{re} chambre sur le derriere et
sur la Salle aura vingt pieds en quarré, et quinze pieds et demy
de profond.^r la garderobe sur la mesme larg.^r, le Cabinet sera au des =
sus du passage et aura 9 pi. de larg.^r sur 12 de profond.^r la 2.de chãbre
sur la Cuisine aura 18 pi. de larg.^r et 20 de profond.^r, et le Cabinet sera
sur le derriere au dessus du gardemanger, sur 20 pi. de profond.^r la
garderobe contiendra le mesme espace de l'escurie, sur laquelle elle
est assise. Au dessus du plan du second Estage est l'élévation
qui regarde la Cour.

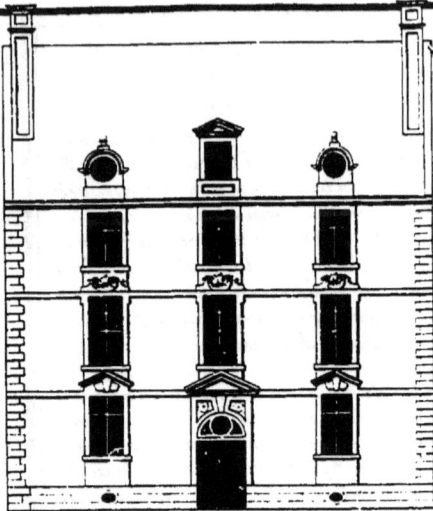

Face du corps de Logis de devant.

Plan du 1.er Estage

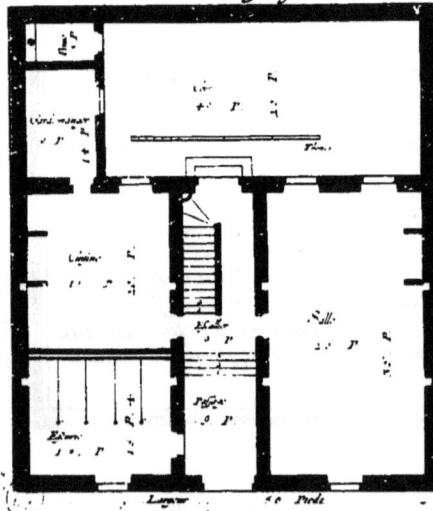

25

Face du côté de la cour

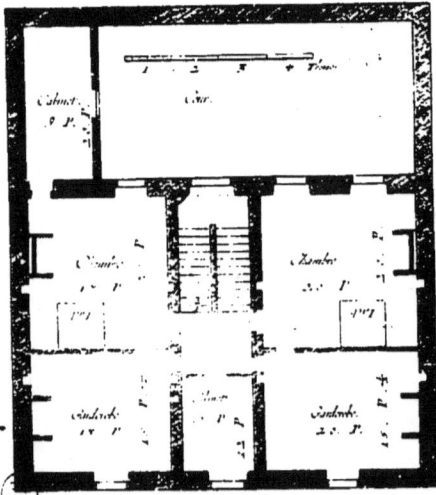

Plan du second étage.

Distribution de la neufieme place, de la largeur de 57 pieds, sur 120 de profondeur.

Cette place se peut distribuer en cinq maniere, chacune des quelles a son dessein particulier : la 1.re contient 2 corps de logis, le 1.er sur le deuant le 2.e sur l: derriere celui de deuant aura 20 pieds de profondeur, sa larg. consiste en vne cuisine de 20 pieds de largeur, vn gar. demanger de onze pieds vn passage pour le carosse de 9, et vne escurie de 15. au bout de la cuisine est vn escalier, de 13 pieds et demi de largeur sur 15 de profondeur, derriere l'escalier est vne gallerie de mesme larg. que l'escalier, sur 26 pieds de profondeur. a l'un des angles de l'escalier sera le priue, ou au lieu marqué A. la cour aura 42 pieds en quarré.

Le corps de logis de derriere, aura 22 pieds de profondeur, sur 57 de largeur, et consistera en vne salle de 30 pieds de largeur, vn escalier de 10 pieds, et vne chambre de 15 piez. le Jardin aura 30 pieds de profondeur, sur cinquante sept de largeur.

Second Estage de la 1.re distribution de la 9.e place.

Il est Inutil de faire icy vn denombrement particulier de toutes les parties de ce plan, estant toutes nommez en jceluy, les chifres vous feront clairement veoir les mesures de chacunes dicelles.

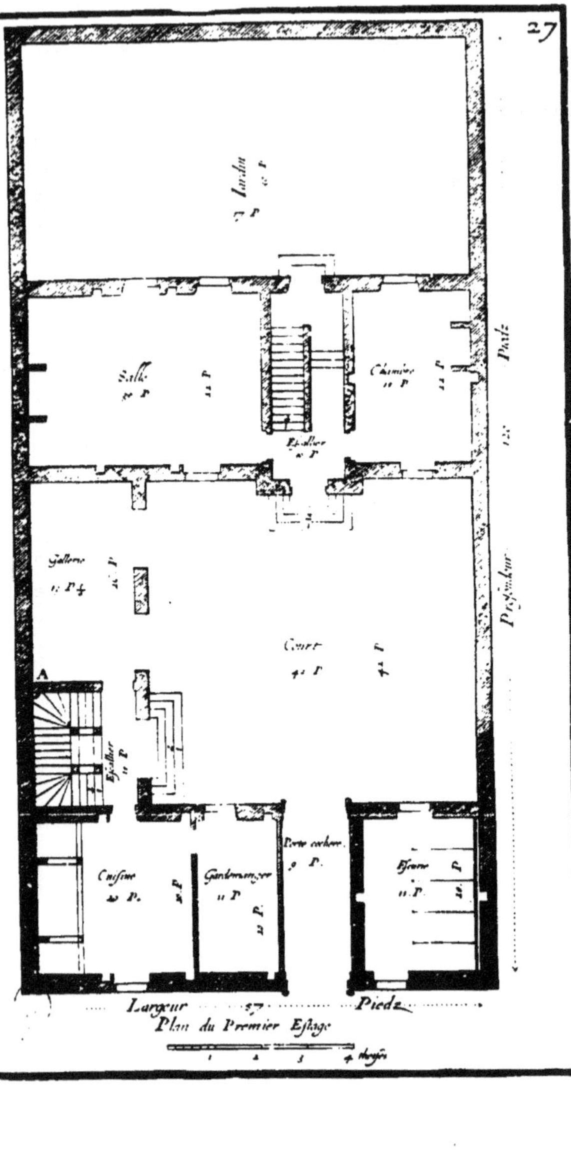

27

Jardin
17 P.

Salle
20 P.   22 P.

Chambre
18 P.

Escalier
11 P.

Gallerie
11 P. 1/2

Court
41 P.   41 P.

A

Escalier
16 P.

Cuisine
20 P.   22 P.

Gardemanger
11 P.   22 P.

Porte cochere
9 P.

Escurie
11 P.   22 P.

Profondeur

Largeur   57   Piedz
Plan du Premier Estage

28

Jardin

Chambre

Garderobe

Cabinet

Court

Chambre

Garderobe

Chambre

Chambre

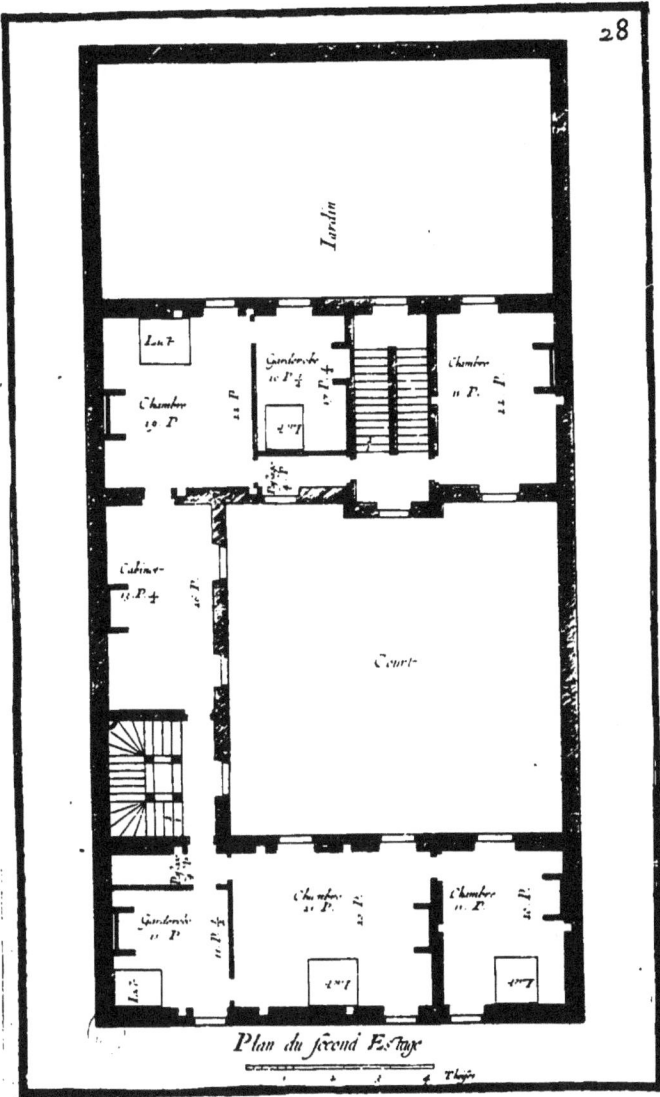

Plan du second Estage

Thoises

Eleuation du Corps de logis de deuant,[29]
du costé de la Cour de la neufiéme place,
distribuée selon la premiere. Maniere.

Le Corps de Logis de deuant, hormis l'Ecurie et le passage sera éleué au
dessus de l'aire de chaussée de la Cour, de 2 pieds, auquel on montera
par 4 marches prises en la cour à l'endroit de l'escalier.

La Hauteur du premier Étage, depuis l'aire, sera de 13 pieds neuf
pouces, compris l'épaisseur des soliues et plancher, à laquelle on mon=
tera par 24 marches de 6 pouces 7 lignes de hauteur chacune.

Le Second Étage aura de hauteur 11 pieds 9 pouces compris l'épaisseur
des soliues et plancher auquel on montera par 25 marches de 6.
pouces 1 ligne chacune.

Le troisieme Étage aura même hauteur que le second.

Et au dessus font les greniers où chambres en galletas de 8. à 9.
pieds sous soliues de hauteur.

Elevation du Principal Corps de Logis du
costé de la Cour de la neufiesme place, dis:
tribuée selon la premiere maniere, le quel
Corps de Logis est celuy de derriere.

30

Le Corps de Logis de derriere sera éleué au dessus du
rez de chaussée de la cour, de 2 pieds, au quel on montra par
4 marches prises en ladite cour; et po.r descendre de l'aire du logis
au Iardin, on prendra 2 marches au passage de l'escalier, et deux
dedans le jardin
la Hauteur du 1.er Etage sera 13 pieds 9 pouces, compris l'epaisseur des Solines et planchier, a laquelle hauteur on montera par
28 marches de 5 pouces 11 lignes chacune miparties sur les 2 ram:
pans de l'escalier. Le second Etage aura 12 pieds 9 pouces, compris l'epaisseur des Solines et planchier, au quel on montera par
28 marches de 5 pouces et demy chacune.
Le troisieme Etage aura d.e hauteur vnze pieds 9 pouces,
compris l'epaisseur des Solines et planchier, a laquelle hau:
teur on montera par 28 marches de cinq pouces chacune.
Au dessus seront les greniers ou chambres en galetas, de
huit à neuf pieds sous Solines de hauteur.

Seconde distribution de la neufiesme place, de mesme largeur de cinquante sept pieds, sur six vingt de profond.

La seconde distribution de l'espace susmentionné, consiste en deux corps de logis, l'vn sur le deuant, l'autre sur le derriere. le 1.er ayant vingt pieds de profondeur, dont la largeur consiste en vne ecurie, porte cochere, et cuisine. L'escurie à double rang à de largeur vingt trois pieds et demy; le passage pour le carosse neuf pi. et la cuisine vingt deux et demy, à costé de laquelle est le gardemanger de dix pieds de larg.r sur onze de profond.r à vn des angles duquel sera le priué; Ensuite du gardemanger est l'escalier, sur la mesme largeur de dix pieds, et vingt quatre de profond.r La Cour aura trente quatre pieds de larg.r sur toute la profond.r de l'escal.r et gardemanger, qui font trente six pieds, y compris l'epais.r du mur entre le gardemanger et l'escalier. le reste de la larg.r est employé en vn escalier ioignant l'ecurie, et vne gallerie au bout; l'escalier à 10. pieds en quarré, et la gallerie 25 de profond.r sur pareille larg.r dans laquelle on pourra mettre les carosses, et derriere les carosses au lieu marqué A, se pourra mettre vn priué. Le corps de logis de derriere, qui est le principal, aura de profond.r 22. pi. sur toute la larg.r de 57. jl consiste en vne salle qui à trente six pieds de larg.r et vne chambre de dixneuf pieds et demy. Aux deux angles de ce corps de logis, se pourront faire par le dehors, dans le jardin, deux petites aduances pour priués, qui ne seront esleués que iusques au second estage; le jardin aura trente six pieds de profondeur sur toute la larg.r dans lequel on descendra par vn perron.

Second Estage de la deuxie distribution de la neufiesme place.

Ce Second estage consiste en deux chambres, au milieu desquelles est vne garderobe; la premiere assise sur la cuisine, ayant vingt trois pieds de largeur, la garderobe douze, sur quinze pieds et demy de profondeur, a cause du passage, elle sera pour seruir à l'vne des deux chambres; et la deuxieme chambre sur l'escurie aura vingt pieds, en quarré; ioignant la premiere chambre; et dessus le gardemanger sera vn vestibule de mesme grandeur et forme que le gardemanger; et de l'autre costé de la cour sera vne gallerie entre l'escalier et le principal corps de logis, qui aura vingt cinq pieds de profondeur, et consistera en deux chambres et vne garderobe. La premiere ioignant la gallerie aura dix neuf pieds et demy de largeur; la seconde vingt trois; et la garderobe treize, pieds, sur dixsept pieds et demy de profondeur. a cause du passage de quatre pieds, aux deux angles du corps de logis, dans le jardin se feront deux aduances pour les priués.

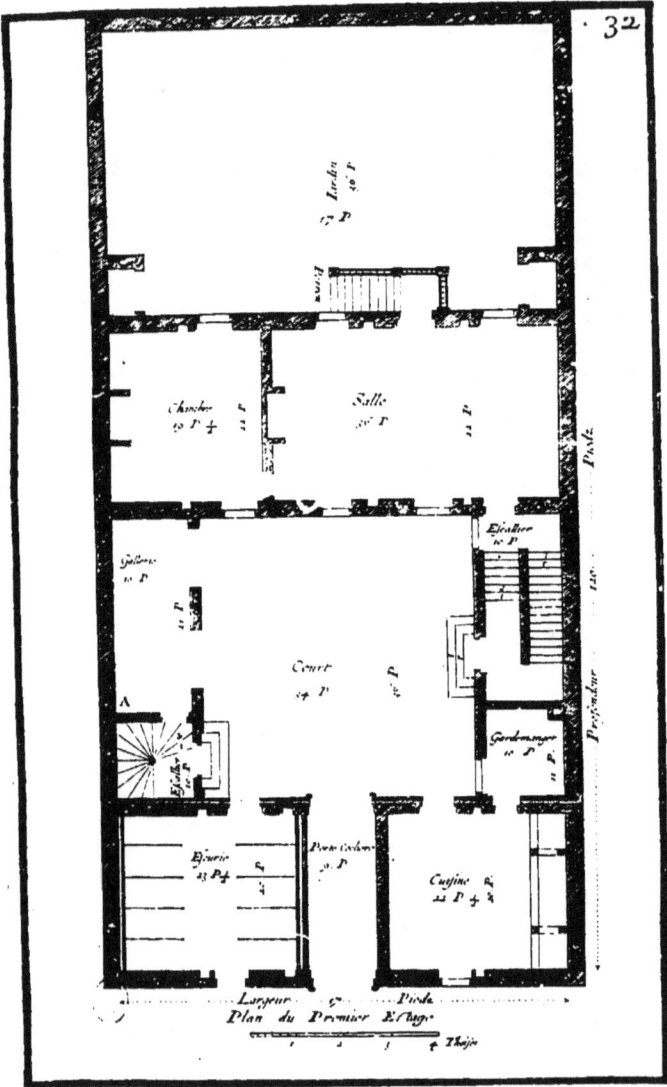

32

Jardin
10 P
7 P

Salle
20 P
22 P

Chambre
10 P 4

Gallerie
10 P
22 P

Escalier
10 P

Court
24 P
24 P

Gardemanger
10 P

Escalier
8 P

Ecurie
13 P 4

Porte-Cochere
10 P

Cuisine
22 P 4

Largeur ..... Pieds
Plan du Premier Etage
Toise

33

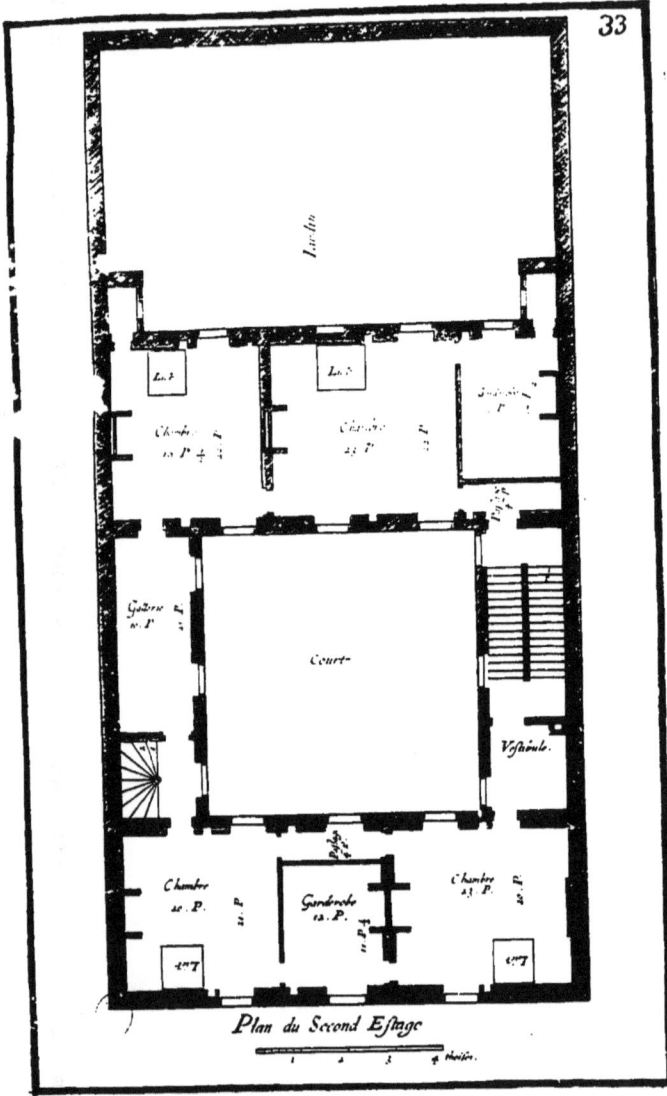

Plan du Second Estage

Elevation du Corps de logis de deuant,
qui regarde la Ruë de la 9.º place,
distribuée selon la 2.ª maniere.

1   2   3   4   *Thoises*

Le Corps de logis de devant, à mesme rez de chaussée que
celuy de la Cour, qui est 19. pieds, divisé la hauteur au dessus
de la Cuisine et de l'escurie, par vne Entresole de dix pieds sous
solives et plancher, dix pieds neuf pouces; à l'entresole au dessus de l'escurie, l'on montera par quinze marches, de huit pou-
sept lignes de hauteur chacune. Le reste de la hauteur, depuis le
le plancher de l'entresole jusqu'a celuy du premier Estage sous
solives, sera 8. pieds 3. pouces, à laquelle hauteur on montera
par treize marches de huit pouces quatre lignes chacune. a
l'entresole au dessus de la cuisine on montera par 3. marches
de la cour, de six pouces chacune, pour venir à wire du paslié
du principal escalier, et au rampant du costé de la cour se prendront sept marches de six pouces chacune, pour venir sur le
paslier de l'escalier ioignant la Salle; et dans l'autre rampant
contre le mur, se prendront quinze marches de cinq pouces onze
lignes chacune.

Eleuation du Corps de Logis de derriere,
Qui regarde la Cour de la neufiesme place,
Distribuèe Selon la seconde Maniere.

Le Corps de logis de derriere aura ses offices au
dessous du logis, qui auront neuf pieds sous
soliues ou sous voute, dont les 4 pieds 9 pouces seront au dessus du
rez de chaussèe de la cour, et l'on y descendra par 9 marches de 6 pouces 4 lignes
chacune, acause des 3. marches qui auront esté montees depuis la cour. Les autres 4 pieds 3 pouces au dessus, seront au es l'espaisseur des soliues et plancher
5 pieds, lesquels on montera par 10 marches, dont les 3 seront en la cour, et les
autres 7 au rampant de l'escalier qui est sur la cour, come à esté dit cy dessus.
Le 1.er estage depuis l'aire de la salle iusques sous soliues aura 14 pieds, et compris les
pais.r des soliues et plancher, 14 pieds 9 pouces, auquel on montera par 30. marches, ayant 5 p.ces et 1 ligne de haut.r chacune, lesquelles seront distribuées par moitie
sur chacun rampant, come à esté dit en l'eleuation du corps de logis de deuant.
Le 2.d Estage aura de hauteur 12 pieds sous soliues, et compris les pais.r des soliues
et plancher, 12 p.ds 9 p.ces auquel on montera par 26. marches de 5 p.ces 11 lig. chacune de haut.
Le 3.e estage aura de hauteur 10 pieds 9 pouces, compris l'espais.eur des soliues
et plancher, auquel estage nous monterons par des marches egales en hauteur à celles du second estage de 5 pouces 11 lignes; et partant y en aura 22.

Au dessus se pourront faire des greniers.

Troisiesme distribution de la 9.me place,
de mesme larg.t de cinquante sept pieds,
sur six vingt de profondeur.

La Troisieme distribution du mesme espace de 57. pieds en larg.t sur six vingt de profond.t consiste en deux corps de logis, l'un sur le deuant, l'autre sur le derriere, le 1.er ayant vingt pi. de profond.t, sur toute la larg.t laquelle se distribüe en vne escurie de dix neuf pi. vn passage pour carosse de neuf pi. vn escalier de neuf pieds, et la cuisine de dixsept pi. au bout de laquelle est vn gardemanger de neuf pieds de profond.t sur douze et demy de large, et vn passage de quatre pieds de large, pour aller dans la cuisine. Et ces deux largeurs faisant dixsept pi. font celle d'vne chambre ensuite dudit gardemanger, laquelle à quinze pi. et demy de profond.t et au bout d'icelle est vn autre escalier, la larg.r duq.l aura son assiette selon la profond.r de l'édifice, consideré en son total; et partant nous vserons de ce mot de profond.r qui sera de dix pi. sur 17. de large. La Cour aura le reste de la larg.r qui est trente huit pieds et demy, sur trente six de profond.t Le corps de logis de derriere qui est le principal, aura vingt deux pi. de profond.t sur toute la larg.t il consiste en vne Salle de trente quatre pieds, et vne chambre de vingt deux en quaré. Aux angles tant de la Salle que de la chambre, s'aduanceront dans le iardin 2 cabinets de 8. pi. de larg.t sur 10. de profond.t Le jardin aura 36 pi. de profod.r sur toute la larg.r auquel on descendra par quatre marches.

Second Estage de la 3.e distribution
de la neufiesme place.

Ce secõd estage consiste en vne chambre au dessus de l'escurie, ayãt de larg.t 19. pieds, sur toute la profond.t de 20 pieds, vne garderobe de neuf pieds de large, sur quinze pieds et demy de profond.t à cause d'vn passage de quatre pieds, qui est derriere, vn escalier de 9. pi. de large, et vne chambre de 17 pi. à costé de laquelle est vne garderobe de mesme largeur, sur 9 pi. de profond.t et vne chambre de seize pieds, tousiours sur ladite larg.t de dixsept. au bout de laquelle chambre se rencontre l'escalier, puis le corps de logis principal, lequel consiste en deux chambres; chacune garnie de son cabinet, et vne garderobe au milieu. La premiere joignant l'escalier, aura 18 pi. et demy de larg.t sur 17 et demy de profond.t la garderobe aura 15 pi. de larg.t sur 17 pi. et demy de profond.t et derriere les dites chambres et garderobe sera vn passage de 4. pi. pour leur desgagement; l'autre chambre qui est la principalle, aura 22 pi. en quaré; et à l'angle de chacune des chambres, s'aduancera dans le jardin vn cabinet de huit pi. de largeur, sur dix de profond.t . . . .

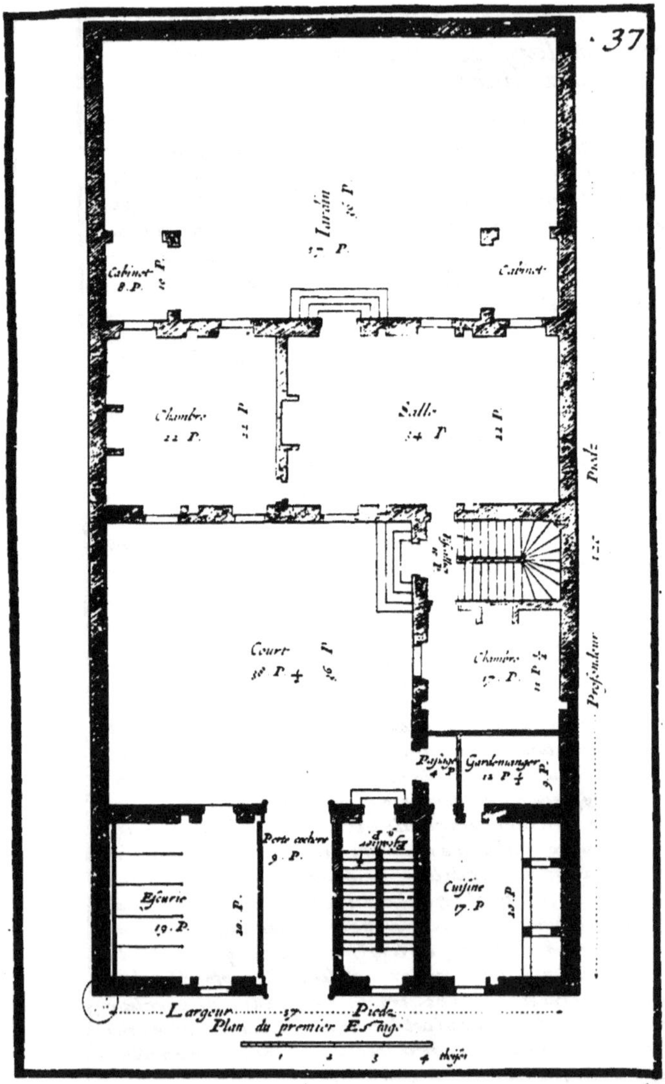

Jardin

Cabinet 8 P.

Cabinet

Chambre
22 P.

Salle

Court
30 P +

Chambre

Profondeur

Poele

Pajssge   Garde manger

Escurie
19 P.

Porte cochere
9 P.

Cuisine
17 P.

Largeur .... 17 .... Piedz.
Plan du premier Estage.

38

Iardin

Cabinet
8. P. 4

Cabinet

Lict

Chambre
22. P.

Garderobe
12. P.

Chambre
10. P. 4

Chambre
10. P. 4

Court

Chambre
16. P.

Garderobe
17. P.

Chambre
10. P.

Lict

Chambre
17. P.

Garderobe
9. P.

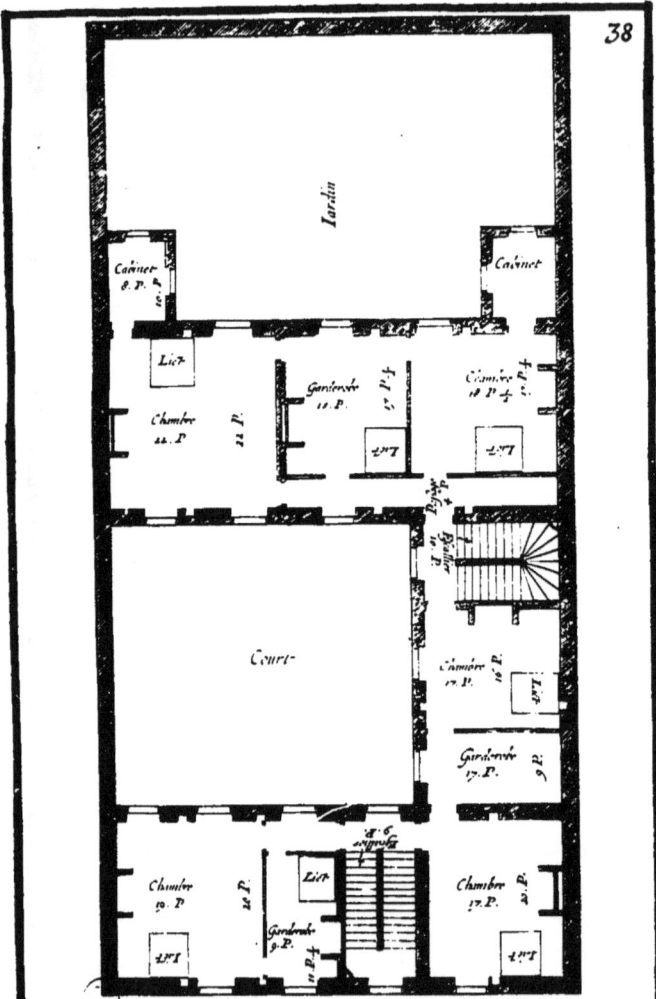

Plan du Second Estage

1   2   3   4 thoises.

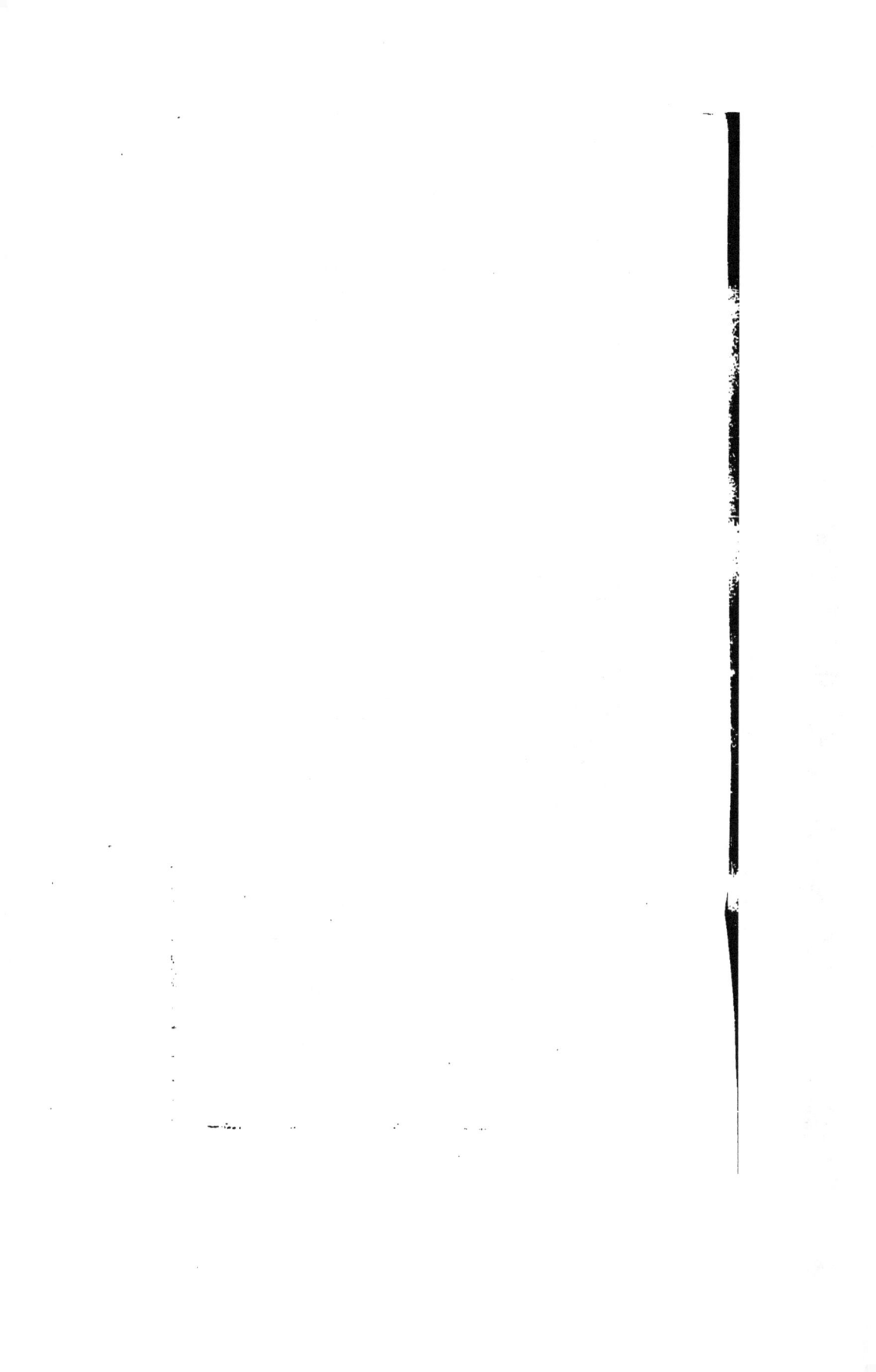

Eleuation de la Face qui regarde la Rue
du corps de Logis de deuant de la neufiesme place, distribuee selon la troisieme maniere.

Le corps de Logis de deuant, excepté l'escalier, a mesme rez de chaussée que celuy de la court, et aura de hauteur, de puis l'aire, quinze
pieds, et auec l'espaisseur du plancher, quinze pieds neuf pouces.

L'aire de l'escalier aura un pied au dessus du rez de chaussée, auquel
on montera par deux marches dans la court : restera 14 pieds 9
pouces, ou l'on montera par 28 marches de six pouces quatre
lignes chacune.

Le Second Estage aura 12 pieds, et neuf pouces pour l'espaisseur des
soliues et plancher, auquel on montera par 28 marches de cinq
pouces et demy chacune.

Le troisieme Estage qui consiste en chambres galetas, aura 10 pieds
9 pouces compris l'espaisseur des soliues et plancher, auquel on
montera par marches comme les precedentes.

1	2	3	4	thoises

Eleuation du principal corps de Logis 40
sur le derriere, et qui regarde la cour
de la neufiesme place, selon
la troisiesme distribution.

L'aire du Corps de logis de derriere,
et de la chambre joignant l'Escalier
est eleué de deux pieds au deʃʃus du rez de chauʃʃeé de la
cour: lesquels on montera par quatre marches:
Le 1.er Estage depuis l'aire de la salle aura 13.pieds 9.pouces
auquel on montera par 27.marches de 6 pou. chacune.
Le deuxieme Estage aura 12.pieds 9.pouces, auquel on
montera par 27 marches de cinq pouces 8.lignes chacune.
Le troisiesme Estage aura onze pieds 9.pouces auquel
on montera par 27 marches de 5.pouces 8.lignes.
Au deʃʃus du troisiesme Estage, sera vn grenier ou
chambre en galetas de 10.pieds.

4e Quatriesme Distribution de la 9.me place de cinquantesept pieds de largeur sur 120 de profondeur.

Cette quatriesme distribution de 57 pieds en largeur sur 120. de profondeur, consiste en deux corps de logis : l'vn sur le deuant, l'autre sur le derriere Vous verez dans le plan cy a costé la distribution entiere de cette place, les commoditez proportions et mesures de chaque partie.

Second Estage de la quatries- me distribution de la neufiesme place

Le second Estage consiste comme le premier en deux corps de logis l'un sur le deuant et l'autre sur le derriere. la regularité et exactitude des plans 42 et 43. vous fera veoir clairement tout- tes les commoditez proportions et me- sures de chacunes d'Icelles.

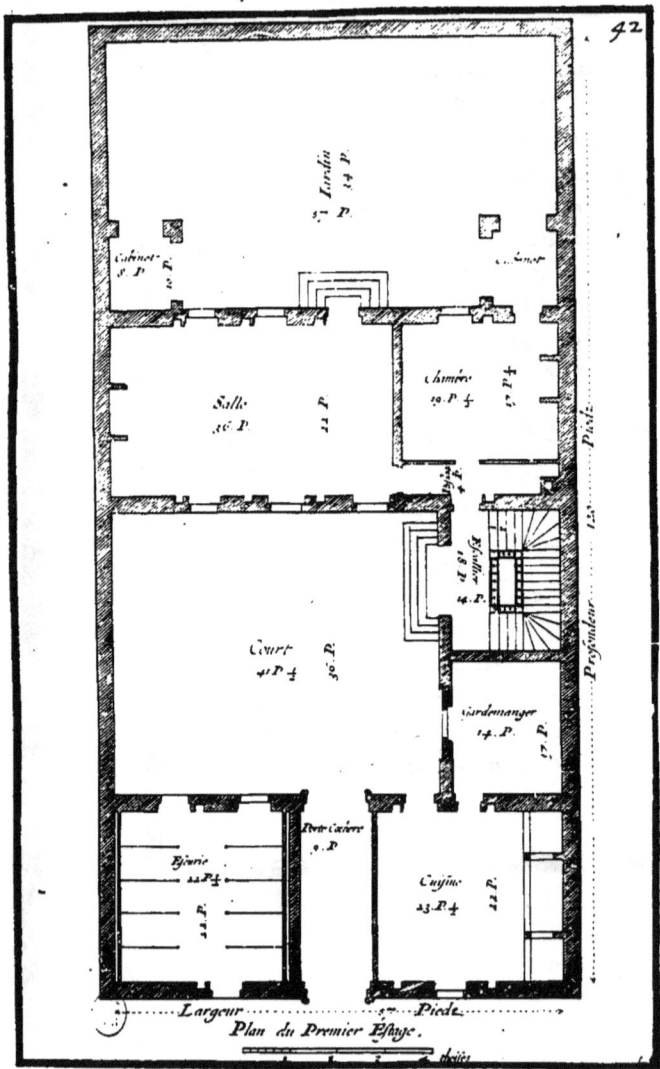

42

Jardin
51. P. 54. P.

Cabinet
8. P. 2. P.

Cabinet

Chambre
10. P. 1/2 17. P. 1/2

Salle
16. P. 11. P.

Dégag.t 4. P.

Escalier
4. d. 8. Longueur

4. P.

Court
41. P. 1/2 30. P.

Gardemanger
14. P. 17. P.

Ecurie
12. P. 1/2 Porte Cochere 9. P.

Cuisine
13. P. 1/2 12. P.

11. P.

Largeur Pieds

Plan du Premier Estage.

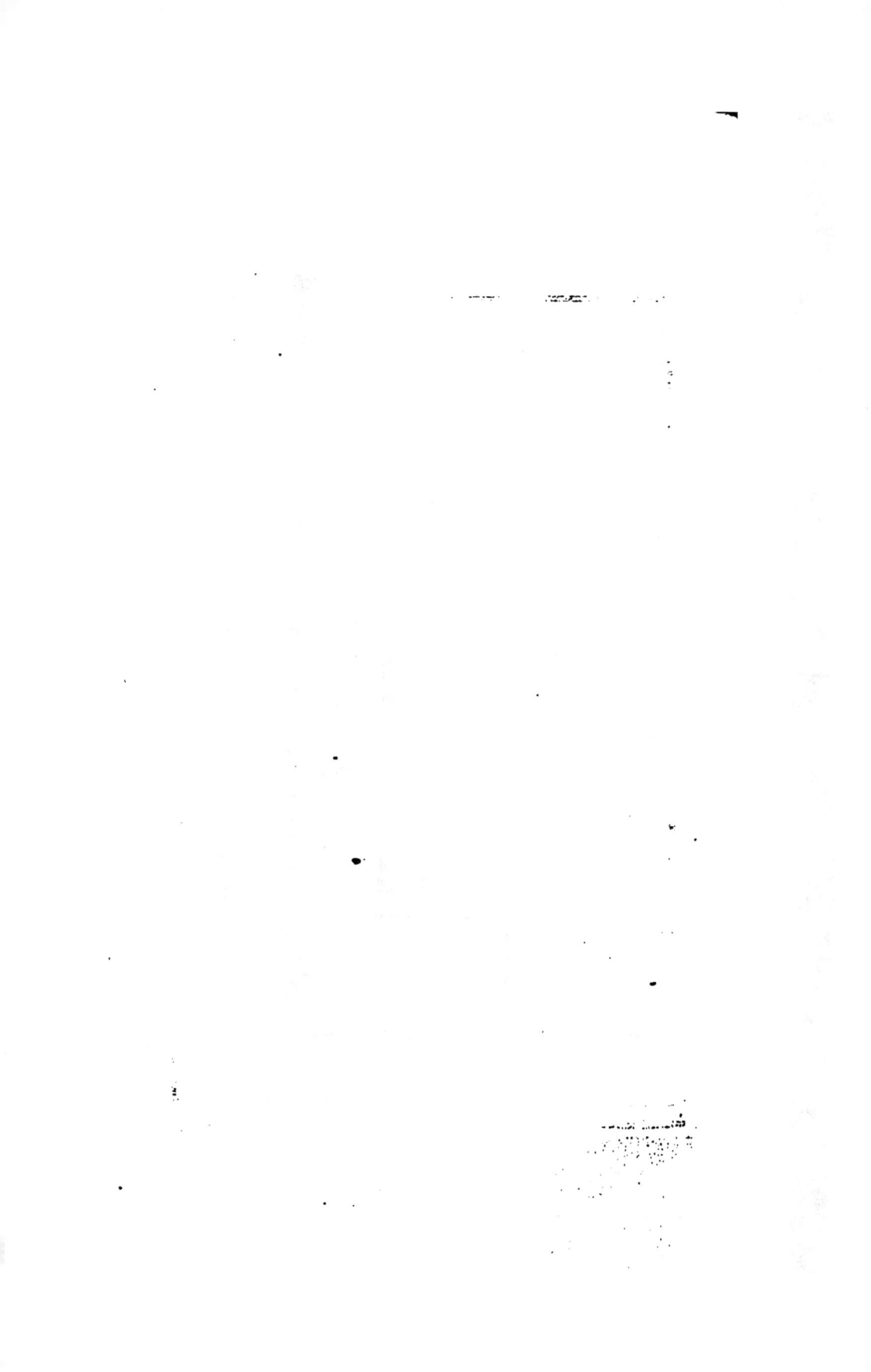

43

Jardin

Cabinet
8. P.

Cabinet

Garderobe
14. P. 4

Chambre
22. P.

Lieu
7. P.

Chambre
15. P. 4

Court

Vestibule
14. P. P.

Chambre
22. P. 4

Garderobe
12. P. 4

Chambre
20. P

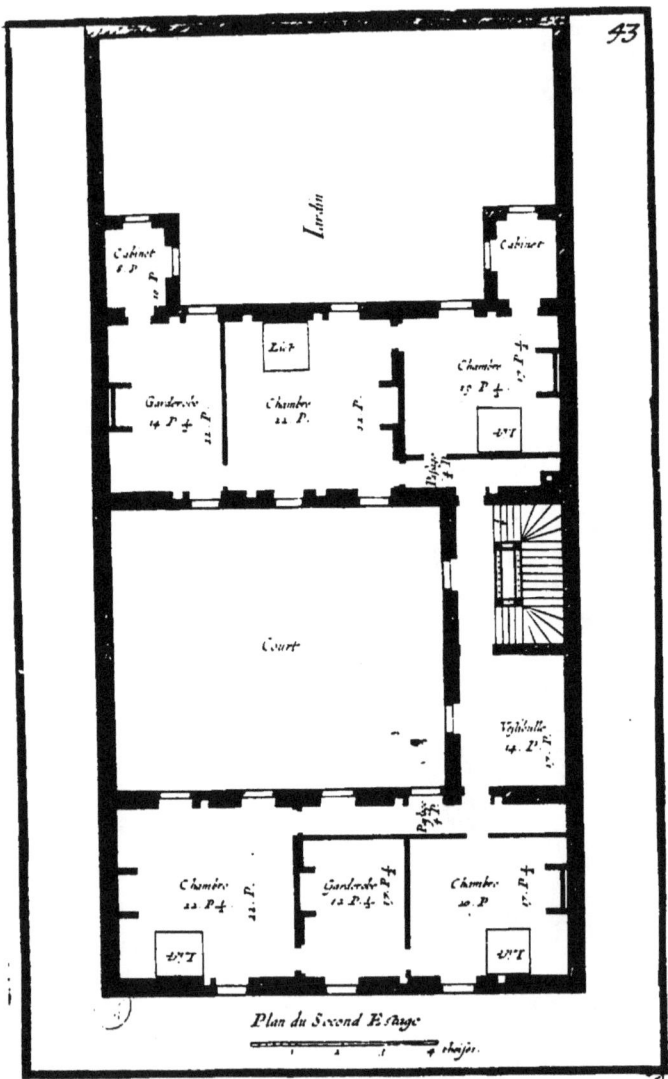

Plan du Second Estage

1   2   3   4 thoises

Elevation de la face qui regarde la rue, du
corps de logis de deuant de la neufieme place,
distribuée selon la quatriesme maniere.

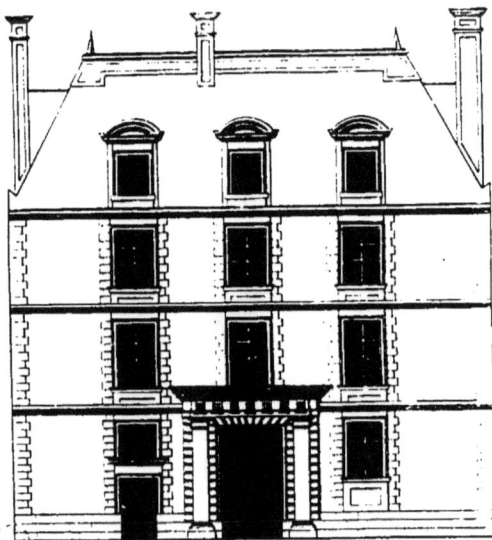

Le Corps de Logis de deuant, a mesme rez de chaussée que
celui de la cour, et aura de hauteur 15 pieds et demi, et auec l'espaisseur des soliues et plancher, seize pieds trois pouces; au
quel on montera par 31 marches, sçauoir 4 en la cour, de deux
pieds: et 27 en l'escalier, qui auront 6 pouces 4 lignes chacune.
Le Second Estage aura 12 pieds sous soliues, et 12 pi. 9 pouces,
compris l'épaisseur des soliues et plancher; au quel on montra
par 27 marches de cinq pouces huit lignes chacune.
Le troisiesme Estage aura dix pieds et demy sous soliues et
vnze pieds trois pouces, compris l'épaisseur des soliues et plancher, au quel on montera par vingt quatre marches de pareille
hauteur que celles du second Estage, qui sont 5 pouces 8 lignes.
Et au dessus se feront des chambres en galetas, de 9 pieds
sous soliues de hauteur, ou bien des greniers, si l'on veut.

Elevation du corps de Logis principal qui est
sur le derriere, en la Face qui regarde la cour de
la neufiesme place selon la 4.me distribution.

L'aire du corps de Logis principal, ensemble le
paslier de l'escalier, sera esleué de deux
pieds au dessus du rez de chaussée de la cour; les quels on mon=
tera par quatre marches que nous auons dit estre en la cour.
Le premier Estage aura treize pieds et demy depuis l'aire sous
solives et 14 pieds trois pouces compris l'epaisseur des solives &
plancher, auquel on montera par 27 marches de six pouces 4
lignes chacune.
Le second Estage aura 12 pieds sous solives, et neuf pouces
pour l'epaisseur des solives et plancher, auquel on montera
par 27 marches de cinq pouces huit lignes chacune.
Le troisiesme Etage aura dix pieds et demi sous solives
et vnze pieds trois pouces compris l'epaisseur des solives et
plancher, auquel on montera par 24 marches de 5 pouces 8 lignes.
Et au dessus se feront greniers ou chambres en galetas de
neuf pieds sous solives de hauteur.

Cinquiesme Distribution de la 9.me place, de
57 pieds de largeur, sur 120. de profondeur.

Cette distribution consiste en deux corps de logis; le 1.er sur le
deuant, aiant 20 piez de profondeur sur toute la largeur, qui
se distribuë en vne escurie de 13 piez de largeur, en l'angle est
vn hangard pour vn carosse, derriere le quel est la place d'vn
lict. à costé de l'escurie est la porte cochere de 9 pie, la cuisine
de 23 piez; à l'un des angles est l'escalier en forme de vis aiat
10 piez en quarré, et à l'un des angles dudit Escalier sera le
priue. La cour aura 39 piez de profondeur sur 57 de large.
et de la cour on montera par six marches sur vne terrasse
separeé en deux par l'escalier qui aura 16 piez en quarré et
au milieu d'iceluy est le passage pour entrer en la salle: chacune partie de la terrassé aura 19 piez de larg. sur 17 de prof.
Le Corps de logis de derriere a 22 piez de profondeur, il consiste en vne salle et vne chambre. La salle à 36 pi. de large.
et la chambre 20. dans le Iardin aux deux angles tant de
la salle que de la chambre, s'aduanceront deux cabinets
de 12 piez de profondeur sur 9 de largeur. Le Iardin au:
ra le reste de la profondeur sur toute la largeur.

Second Estage de la cinquiesme distribution de
la neufiesme place.

Le Second Estage du corps de logis de deuant consiste en
deux chambres, garderobe et cabinet: la 1.re sur la cuisine, de
23 pieds sur quinze et demi de profondeur, acause de l'escalier et passage. La seconde chambre aura 22 pieds de
largeur, sur 20 de profondeur. la garderobe aura 10 pieds
et demi de largeur et le cabinet 10. pieds en quarré.
Le corps de logis de derriere consiste en deux chambres, et
vne garderobe au milieu: la 1.re estant sur la salle aura 22 pi.
en quarré, la garderobe 13 pieds et demi de largeur, sur
17 pieds et demi de profondeur, acause d'un passage de
quatre pieds, qui est au deuant. L'autre chambre aura 20
pieds de largeur, sur toute la profondeur; chacune cham:
bre aura son cabinet saillant sur le Iardin, comme
il a esté dit cy dessus.

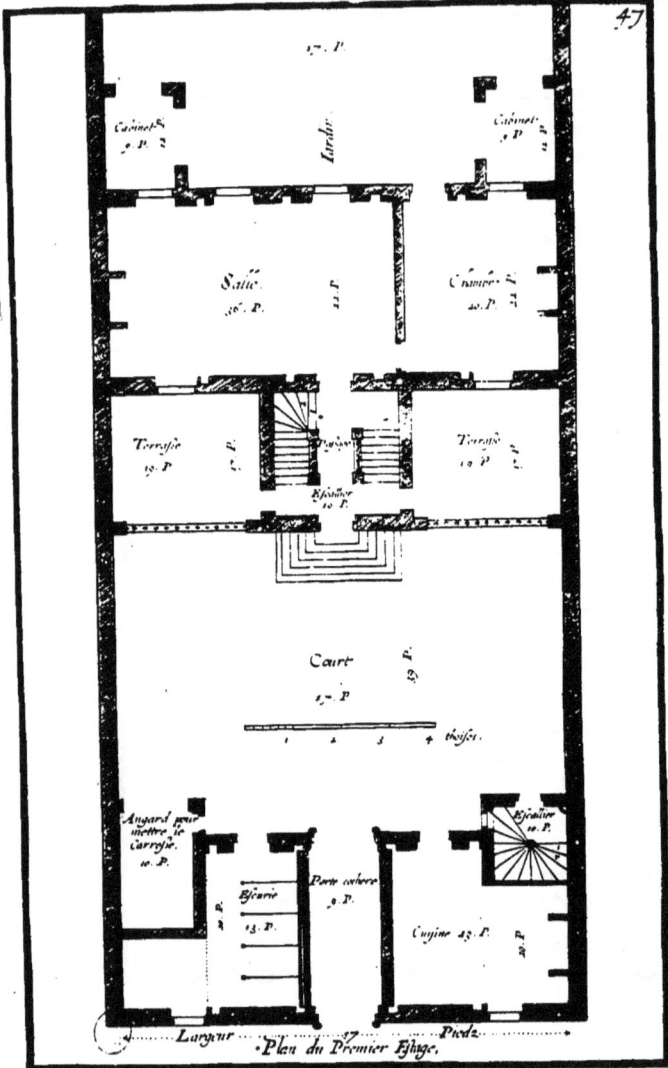

47

Jardin

Cabinet 8
9. P.

Cabinet 8
9. P.

Salle
16. P.

Chambre 8
16. P.

Terrasse
19. P.

Terrasse
19. P.

Escalier
10. P.

Court
15. P.

thoises

Hangard pour
mettre le
Carrosse
10. P.

Escalier
10. P.

Escurie
15. P.

Porte cochere
9. P.

Cuisine 15. P.

Largeur

Piedz

Plan du Premier Estage.

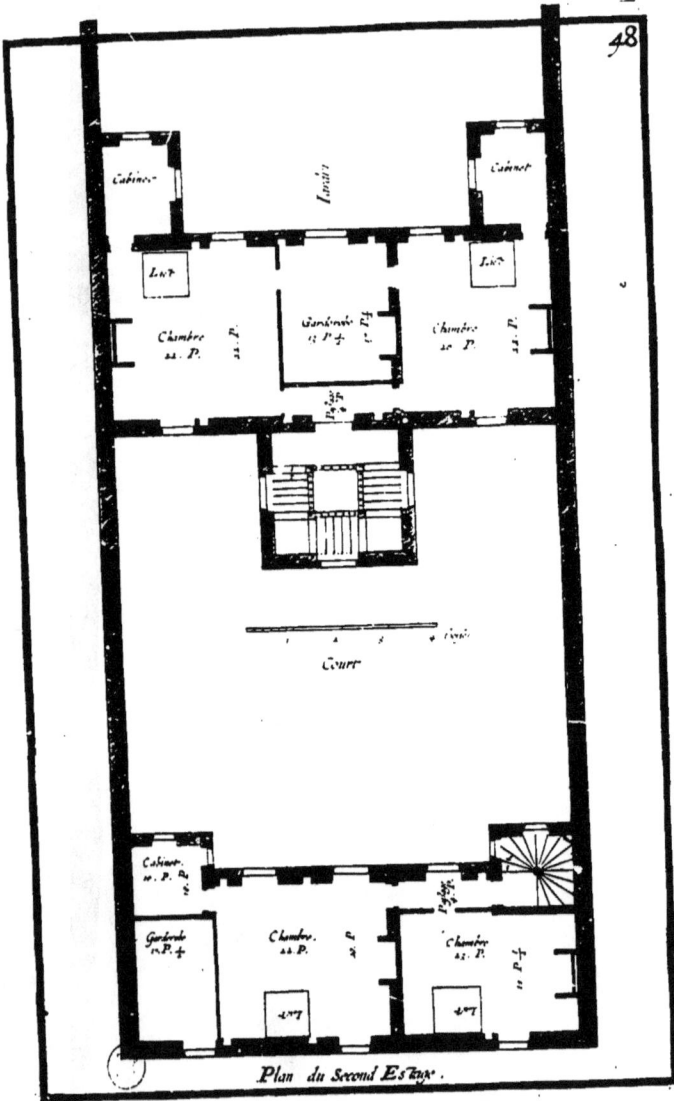

48

Cabinet

Lieu?

Cabinet

Lit?

Lit?

Chambre
14. P.

Garderobe
12 P. 4

Chambre
10 P.

P.35

Court

Cabinet
10 P. P.

Garderobe
10 P. 4

Chambre
14 P.

Chambre
12 P.

Lit?

Lit?

Plan du Second Estage.

Elevation de la Face qui regarde la rue, du Corps de Logis de deuant de la neufiesme place, distribuée selon la Cinquiesme maniere

Le Corps de Logis de deuant, a mesme rez de chaussée que celui de la cour, et aura de hauteur depuis l'aire sous soliues, 12 pi. et 9 po. compris l'epaisseur des soliues et plancher, auquel on montera de 6 po. 1. ligne chacune, lesquelles occuperont vne reuolution entiere et le quart de vn autre . Le Second Estage, aura 11. pi. sous soliue, et 9 po. pour l'epaisseur des soliues et plancher, auquel on montera par 25 marches de 6 pouces 8 lignes chacune . Le Troisieme Etage aura pareille hauteur et pareille distribution de marches . Au dessus se feront les greniers ou chambres en galletas a la maniere susdite .

Elevation de la Face qui regarde la Cour du
Corps de Logis de derriere de la 9.me place,
distribuée selon la 9.me Maniere

La Terrasse sera Elevée au dessus du rez de chaussée de la
Cour de trois pi. a la quelle on montera par 6 marches de six
po. chacune. L'aire du Corps de logis aura mesme niveau
que la terrasse, et aura 14 pi. sous solives de hauteur avec
9 po. pour l'epaisseur des solives et plancher, ausquels on
montera par 28 marches de 6 po. 4 lignes chacune :
Le Second aura de hauteur 13 pi. sous solives, et 9 po. pour
l'epaisseur des Solives et plancher ; auquel on montera
par 28 marches, de 5 pouces 11 lignes de hauteur chacune.
Le troisieme Etage aura de hauteur dix pi. sous solives,
et 9 pouces pour l'epaisseur des Solives et plancher, auquel
on montera par 24 marches de cinq pouces cinq lignes
de hauteur chacune. Au dessus se feront des greniers
ou chambres en galetas come dit est ci devant.

Distribution de la deuxieme place
Ayant septante deux pieds de largeur, sur
Septante quatre de profond.

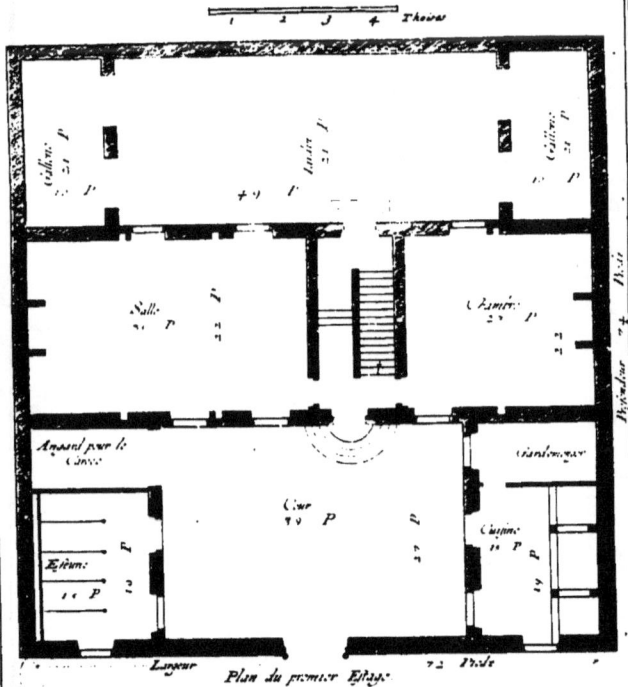

Plan du premier Estage.

La profondeur de Cette place se distribue en vne Cour sur
le deuant, vn Corps de logis et Jardin sur le derriere. Vous
verrez assez clairement par ce plan toutes les autres commo-
ditez et parties ayant chacune leurs mesures marquées.

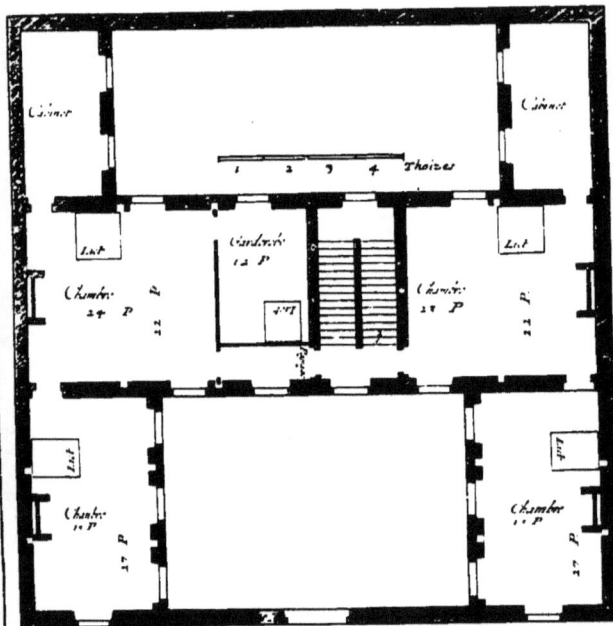

Second Estage de la distribution de **52**
la dixiesme place.

Plan du second Estage.

Ce second Estage contient vne chambre sur l'ecurie, et vne sur la cuisine, ayant chacune quinze pieds de largeur, sur vingt sept de profondeur.
Et quant au principal Corps de logis, il consiste en deux chambres, et vne
garderobe; la premiere sur la salle aura vingt quatre pieds de larg.r sur
toute la profond.r de vingt deux pieds; la garderobe joignant la dite cha-
bre, aura douze pieds de larg.r sur dixsept pieds et demy de profond.r,
a cause d'vn passage de quatre pieds qui est au deuant. A coste de cette
garderobe sera l'escalier, et joignant iceluy, la chambre ayant mesme
larg.r et profond.r que la premiere, et aux deux bouts des deux chabres
seront deux cabinets, ayant mesm.e larg.r et profond.r que les galleries de
l'estage dén bas; on pourra en ces cabinets faire des cheminées si l'on veut.

Face du Costé de la Cour, avec les 2
Pavillons sur le devant

Elevation du Corps de logis de la
dixiesme Place, tant en ce qui regarde la Cour,
que les deux aisles sur la ruë.

L'aire tant de l'escurie que de la cuisine, sera de mesme niueau que
la Cour, et celuy du corps de logis sera esleué de deux pieds au dessus du
rez de chaussée de la dite Cour, auquel on montera par quatre marches
assises en ladite cour. Le premier Estage aura treize pieds sous
soliues, et compris l'épaisseur des soliues et plancher, treize pieds neuf
pouces, auquel on montera par trente marches de cinq pou. et demy
de hauteur chacune. Le Second Estage aura douze pieds neuf
pouces, compris l'épaisseur des Soliues et plancher, auquel on montera
par vingt'huit marches de pareille hauteur, de cinq pouces et demy.
Le troisiesme Estage aura onze pieds neuf pouces, compris l'epais.
des soliues et plancher, auquel on montera par vingt'six marches de
pareille hauteur, de cinq pouces et demy chacune. Au dessus on
Pourra faire des greniers.

Distribution de la 11.me place de 72 piez de largeur sur 112 de profondeur sans le Iardin.

Cette place se peut distribuer selon les 5. manieres de la 9.e place en augmentant les parties tant en larg.r qu'en profondeur, selon quil se trouuera plus à propos.

Cette place est diuisée en deux corps de logis, lun sur le deuant, lautre sur le derriere auec vne gallerie qui les ioindra lun a lautre, et la cour au milieu.

Les commoditez mesures et proportions se ver: ront assez clairement dans le plan cy a costé.

Second Estage de l'onzieme place, selon la distribution cy dessus.

Le second Estage du Corps de logis de deuant consiste en vne chambre sur la premiere escurie, vn escalier et deux autres chambres : la premie: re aura dixhuit pieds de largeur, la seconde et la troisiesme, vingt pieds en quarre. ensui: te de la 1.re chambre est vne gallerie, ayant soixante quatre pieds de profondeur ; Sur dixhuit de largeur.

Le Second Estage du principal corps de logis consiste en vn cabinet, et vne chambre sur la Salle vn escalier et vne autre cham: bre. Le cabinet aura seize pieds et demy de largeur, sur toute la profondeur de 22 pieds, la chambre aura vingt deux pieds en quarre, et l'autre chambre aura dix huit pieds et demy de large.

55

Salle · · ·   Chambre

Salle

Ecurie

Chambre   18. P

Remise pour le carosse   11 P   Porte cochere   Remise pour le carosse   Ecurie

Ecurie   11 P½

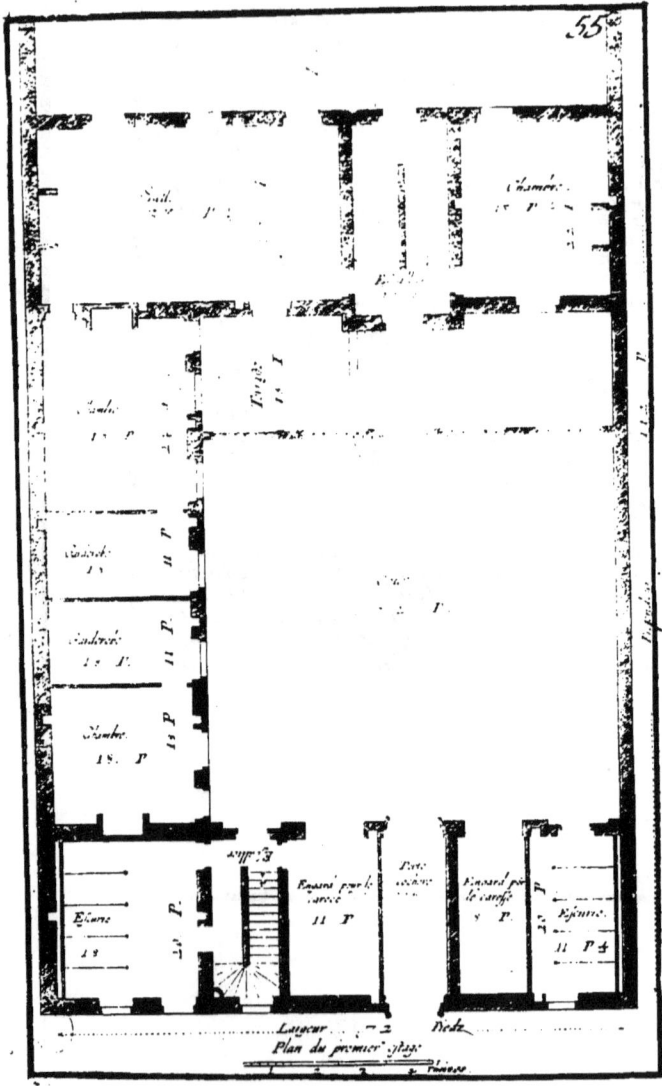

Largeur   Diedz
Plan du premier étage

Lict

Lict

Lict

Cabinet
10 P ½

Chambre
22 P

P

Chambre
10 P ½

Escallier
12 P

Galerie
15 P 47

Lict

d C
Escallier

Chambre
18 P 15

P 15

Chambre
20 P 15

P 15

Chambre
20 P 15

Lict

Lict

Lict

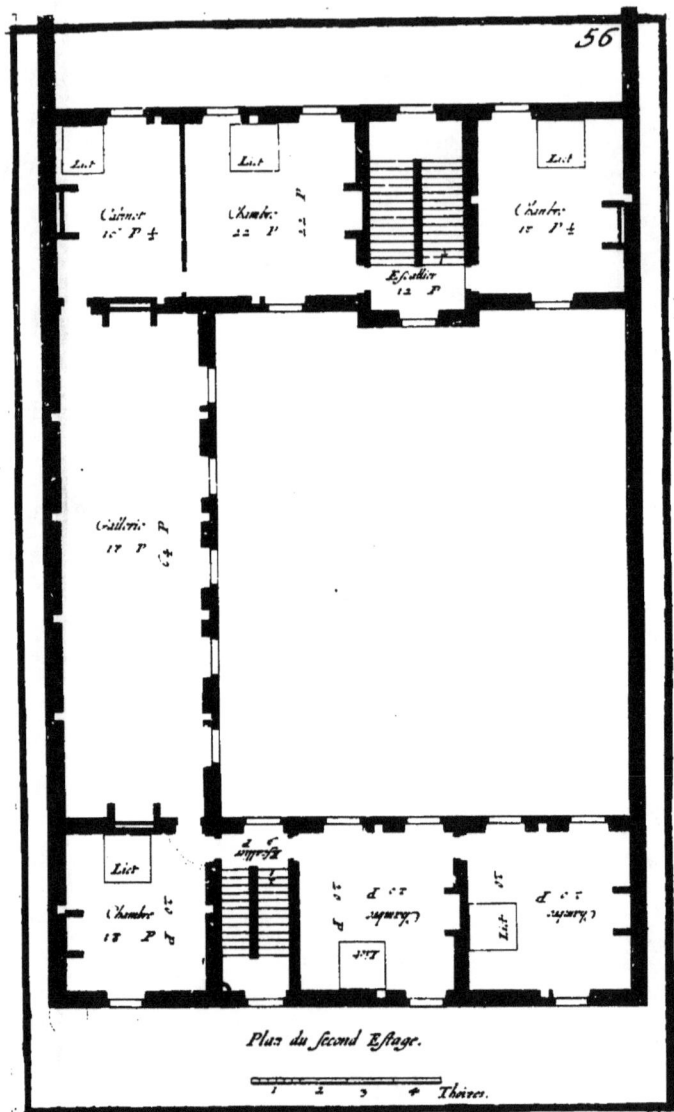

Plan du second Estage.

1   2   3   4   Thoises.

Elevation du Corps de Logis de deuant,
de Lonziesme place, en la Face qui
regarde sur la Rue

L'aire du corps de logis de deuant, et de la 1.re chambre et
garderobe de celui de main gauche, seront de meme niueau
que la cour : et aura 18 piez et demi sous solines de hauteur,
separeé par vn entresole en tous les appartemens qui seront
sur la main gauche de la porte. la hauteur depuis l'aire sous
solines de l'entresole a. 10 pieds et 9 pouces po.^r l'epaisseur des
solines et plancher, au quel on montera par 21 marches de 6
pou. 2 lignes chacune, et depuis l'aire de l'entresole jusque sous
solines du 1.er Etage, il y aura 7 pi. 9 pou. compris l'epaisseur des
solines et plancher 8 pi. on y montera par 17 marches de 6 pouces.
Le second Etage aura 12 pi. sous solines, et 9 pou. po.^r l'epaisseur
des solines et plancher, au quel on montera par 24 marches de
6 pou. 4 lignes et demi chacune. Au dessus seront greniers
ou chambres en galetas de 9 a 10 pieds sous solines.

Eleuation du principal Corps de 58
Logis de L'onzieme place, en
la Face qui regarde la cour.

La Terrasse sera Eleuée au dessus du rez de chaussée de la cour
de 2 piez. et aussi la chambre et garderobe contigües : l'aire du cors
de logis principal sera eleue au dessus de celui de la terrasse de 2pi.
et demi nous donnons 9pi. de hauteur aux offices, et aurons a des:
cendre 9.pieds 9.pou. par 19.marches. on descendra aussi au Iar:
din 4 marches pour reüenir au rez de chaussée de la cour.
Le 1er Estage aura de hauteur depuis l'aire sous soliues 14
pieds 9.pouces, auquel on montera par 28 marches de six
pouces quatre lignes chacune.
Le Second Estage aura treize pieds neuf pouces compris
l'espaisseur des Solives et plancher, auquel on montera
par vingt huit marches de cinq pouces onze lignes de
hauteur chacune.
Le troisiesme Estage aura onze pieds sous Solives.
Au dessus se poüra pratiquer des greniers.

Distribution de la douzieme place; qui est un pauillon double, ayant soixante et dix pieds de largeur sur trente six de profondeur

Ce pauillon consiste en une chambre sur la main gauche, Escalier, salle, aiant veüe de trois costez, Vestibule derriere l'escalier, et garderobe joignant la chambre, laquelle chambre aura 22 pieds en quarré; l'escalier aura de large. 22 pieds, sur 19 de profondeur, au milieu duquel est le passage de six pieds; la salle aura 22 pieds de largeur, sur 36 de profondeur; le vestibule aura même largeur que l'escalier, sur 18 pieds de profondeur; et la garderobe treize pieds et demi de profondeur, sur toute la large. de la chambre

Le second et troisieme estage, seront semblables au premier, excepté que au dessus de la salle se pratiqueront des garderobes de même profondeur que celle dembas, et au dessus se feront des chambres.

L'aire du corps de logis sera Eleué de trois pieds au dessus du rez de chaussée de dehors, auquel on montera par six marches, tant pardeuant que par derriere : et aura depuis l'aire sous soliues 14 pieds et compris les soliues du plancher 14 pi. 9 pouces on y montera par 30 marches de 5 pouces onze lignes chacune.

Le Second Etage aura treize pieds neuf pouces, compris l'epaisseur des soliues et plancher, auquel on montera par 30 marches de cinq pouces et demy chacune.

Le troisieme Etage aura 12 pieds, sous soliues.

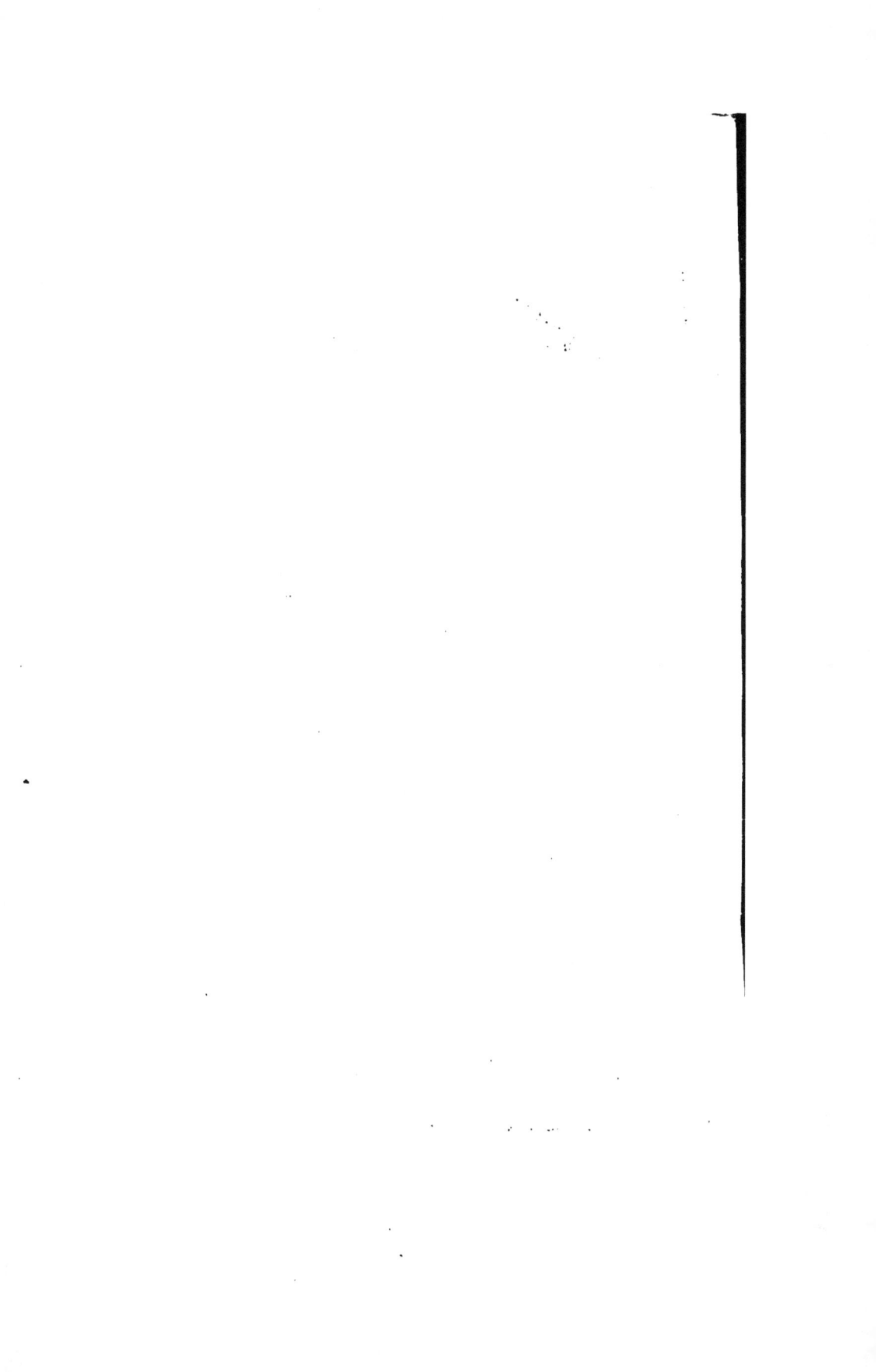

60

El._____ _____ _____ des corps de logis.

Plan de _____ premier Etage.

Distribution de la treizieme place, de cent un
pieds de largeur sur quarante cinq de profondé
qui est un corps de logis entre deux pauillons.
Ce corps consiste en deux pauillons aux deux costez, et une
salle au milieu. chaque pauillon est divisé en une chambre
sur le derriere, garderobe et escalier sur le deuant; la garde
robe aura 13 pieds de largeur sur 20 de profondeur; l'escalier
dix pieds de largeur sur ladite profondeur de 20 pieds; la
chambre aura 24 pieds en quarré; la salle aura 48 pieds
de largeur sur 24 de profondeur; et au deuant de la salle sera
une terrasse de 14 pieds de profondeur, sur toute la largeur de
la salle, qui est quarante huit pieds. Au dessous tant des
pauillons que de la salle seront les offices.
Le second Etage est semblable au 1.er sinon qu'au dessus de la
salle vous pourez faire deux chambres et une garderobe.
Pour les hauteurs, l'aire des offices sera de niueau auec le dehor
s, auxquels on entrera de plain pied sous la terrasse et auront
de hauteur sous solives neuf pieds, et partant l'aire du corps de
logis sera éleué au dessus du rez de chaussée de 9 pieds 9 pouces,
a laquelle on montera de dehors par l'escalier rond, qui est au
deuant de la terrasse et aura de chacun costé 17 marches de six
pouces deux lignes chacune pour venir a l'aire de la terrasse de
laquelle on montera encore de deux marches de pareille
hauteur, tant pour entrer en la salle qu'aux deux escaliers, et
ces marches seront les 6 pieds 9 pouces; et des offices on mon
tera a couuert aux deux escaliers des pauillons, par dix sept
marches de six pouces onze lignes de hauteur chacune.
Le premier Etage aura de hauteur quatorze pieds neuf
pouces, compris l'epaisseur des solives et plancher, auquel
on montera par les deux rampans par trente trois marches
de cinq pouces quatre lignes chacune. Au dessus de la
Salle seront chambres qui auront dix a onze pieds de
exaucement.
Le deuxieme Etage des pauillons aura treize pieds neuf
pouces, compris l'epaisseur des solives et plancher; au quel
on montera par trente trois marches de cinq pouces de
hauteur chacune.
Au dessus seront greniers ou chambres en galetas.

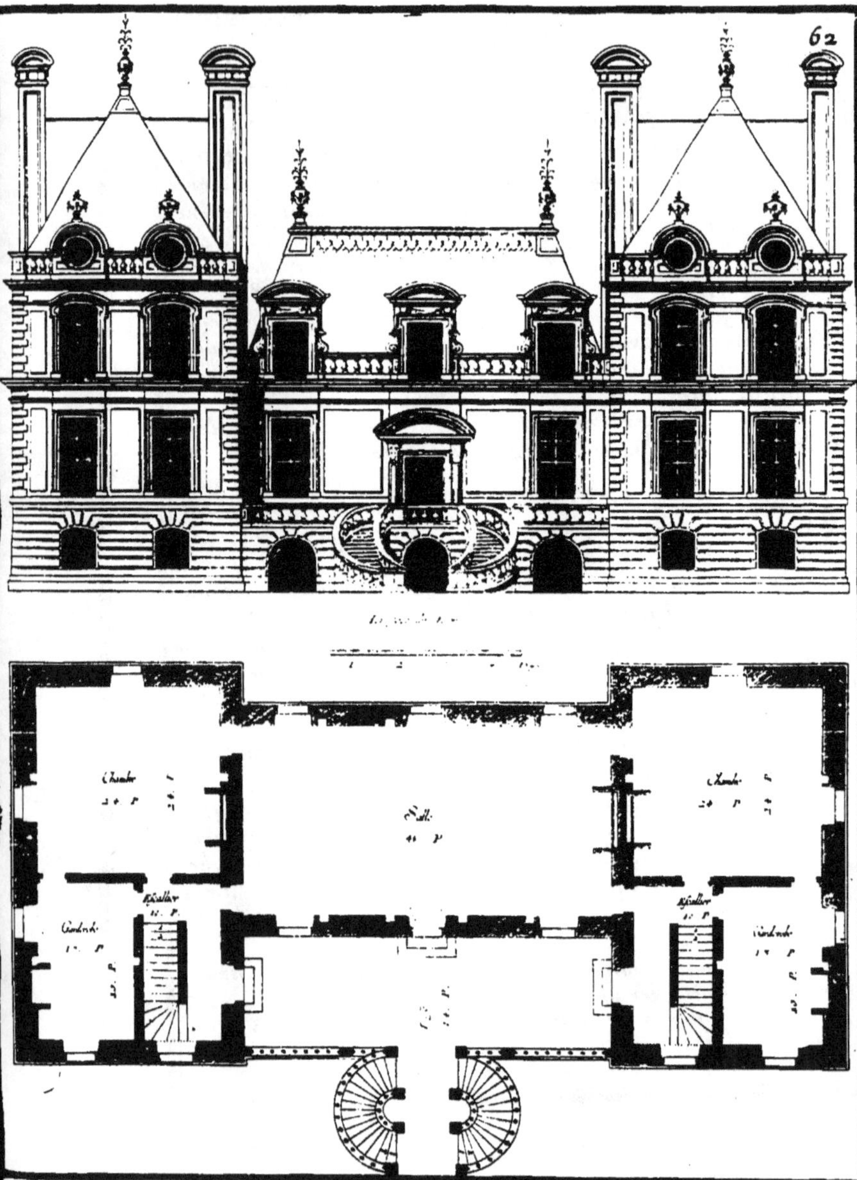

DES BASTIMENS DE
CHARPENTERIE

Ayant iusques icy traitté amplement des bastimens de maçonnerie, il nous a semblé à propos de traiter aussi de la charpenterie,
qui pourra seruir pour les lieux ou lón en bastit ordinairement, et
pour les autres encore, ausquels on y est contraint, a cause du peu de
place que lón à. La charpenterie donc de lédifice se posera sur ma-
conneris. de deux pieds ou deux et demy de hauteur, au dessus du rez
de chaussée, pour empescher la pourriture des premieres sablieres, lesquelles s'asseoiront sur la maçonnerie auec vn pouce ou pouce et demy de
retraitte, auec cette obseruation, pour le regard de la maçonnerie, de
garnir de pierre de taille, ou gresserie, ou autre, les endroits des batte-
mens des portes. Les maistres posteaux qui font separation des bastimens s'assembleront sur les extremitez des sablieres, auec demy pouce retraitte, et est bon que ces maistres posteaux ayent en grosseur et
largeur le double des autres. Dedans ces maistres posteaux s'assembleront la seconde, troisiesme, et quatriesme sablieres, dont les secon-
des et troisiesmes sont posées à lendroit des planchers, et dans ces sablieres s'assembleront à tenons et mortoises les posteaux tant d'huisserie, que de croisée, que guettes, et posteaux de remplage par le milieu;
ensemble les croix St André, et dedans les posteaux de croisée, s'assembleront láppuy au dessous, et le linteau au dessus; et au dessous des
dites croisées s'assembleront à tenons et mortoises, à la sabliere et appuy
de la croisée, les petits posteaux et petites guettes, et au dessus des dites croisées, s'assemblent à tenons et mortoises, à la sabliere et linteau de la croisée,
trois petits postelets ou entretoises. Or les espaces qui sont entre les croisées
se peuuent remplir en 3. manieres, sçauoir auec simples guettes et poste au
au mitan, ou bien auec croix St André et posteaux à costé, les troisiesm's
auec guettes et guettrons et posteaux à costé; et au dessus des huisseries
s'assembleront trois petits posteaux au dedans des linteaux, et au
dessus de léntablement se formera le pignon de charpenterie pour
couuerture de thuille ou ardoise, selon la maniere deduite cy apres,
lequel pignon sera fait par le moyen de deux forces et cheurons au
dessus, lesquelles forces seront assemblées par bas dans la sabliere de
léntablement, et par haut dans vn poinçon; et dans lesdites forces
s'assemblera vn entraict sur le milieu du poinçon. Dedans lequel
entraict et dans la sabliere de dessous seront assemblez les posteaux
des croisées, et les espaces remplis ainsi qu'il à esté dit, et au dessus du dit
entrait s'assembleront 2 contrefiches auec les posteaux de remplage,
et au deuant du pignon et pan debois se fera vne ferme ronde en saillie
de deux pieds ou deux pieds et demy, portée par bas sur vn blochet et trois
racinales, auec trois consoles par dessous. Et au cas qu'on voulust
faire légoust du costé du pan de bois, on le pourra faire, mais au lieu du
remplage qui est entre les croisées, il y faudra appliquer des posteaux
de membrure, par le moyen desquels on changera les poutres de situatiõ,
les faisant porter sur lesdits posteaux, ayant consoles au droit des portées desdites poutres par le dedans.

1   Les sablières.
2   Les aix poteaux
3   Les poteaux de coyse
4   Les poteaux de remplage
5   Les croix faint andes
6   Les guettes simples.
7   Les guettes et contresur
8   Les poteaux d'huisserie
9   Les linteaux

10   Les petits poteaux.
11   Les petits poteaux
12   Entrait
13   Les contrevents
14   Ferme ronde
15   Les blochets
16   Les racinaux
17   Les coyles

MANIERE DE CONSTRVIRE LES

Combles qui se font pour la couuerture: Et 1°.
de ceux ausquels il y à exaucement de l'entablem.t au dessus du
dernier plancher, côme quand on pratique des chambres en galetas.

Ayant iusques icy traitté de l'ordre, mesure et construction
des logis tant de maçonnerie que de charpenterie, depuis les fondatiôs
iusques à l'establement: il nous reste à parler des couuertures, et des
combles qui les doiuent soutenir. Or ces couuertures seront ou de
thuille ou d'ardoise, qui sont les matieres les plus communes et vsitées.
La thuille pour estre commodement soustenuë n'a pas besoin que
le triangle de son comble ait pareil exaucement que celuy de l'ardoise,
mais il suffit que lors que sa base, c'est à dire la largeur de tout l'edifice contiendra 8. parties, les 2 costez qui s'assemblent au faiste en ayent
chacun 7. Les combles qui sont faicts pour ardoise doiuent auoir plus
d'exaucement, tant acause du vent qui enleueroit ladite ardoise, que
pour le retour de l'eau qui pourrit. Quelques vns se contentent du triangle equilateral pour la forme du comble à ardoise, les autres ayant
le bois à commandement leur augmentent encore plus à sçauoir en telle sorte
que quand la base qui est tousiours la largeur du massif de l'edifice
contient 8. parties, les 2 costez qui s'assemblent au faiste en contiennent
chacun 9. Or soit que vous faciez vostre couuerture de thuille ou d'ardoise vous vous seruirez indifferemment des manieres suiuantes
n'y ayant de difference entre l'vne et l'autre, que celle qu'apporte la construction des triangles de leurs combles, et telles couuertures tant de
thuille que d'ardoise, se font ou auec exaucement de l'entablement au
dessus du dernier plancher, ou sans exaucement: si c'est auec exauce=
ment, tel ouurage se fait encore en 2. manieres, à sçauoir entre deux
pignons, ou auec croupe, et chacune se diuersifie encore en 2. sortes,
la premiere auec iambes de force, la seconde auec platte forme. Selon
la premiere maniere les iambes de force, se posent sur les portées des
poutres, qui sont les extremitez d'icelles, qui portent sur les corps des
murs, et suffit qu'il y ait dequ'vn pouces depuis l'extremité de la poutre
iusques au dehors du mur, et s'assemblent les dites iambes de force de
dans les poutres auec tenons et mortoises en arc arrestier qui fait
tenir les dites iambes de force de peur de vous que faire s'e peut afin
de n'espoint inconuenir de l'idée dans la place ayant aussi eu arit
de ne les partenir vi adroits qu'elle plus amplifie à la couuerture. Ces iambes de force ordinairement vn arc arcquel elles sont
assemblées pareillement auec tenons et mortoises et liez par dessus
auec goussets: assemblez aussi auec tenon et mortoises, en sorte que
poindeux parties prises dans l'etirant, il en soit prises 3 en la iambe
de force, et sur retirant se peut encore faire vn dernier plancher au
dessus de ce tirant et aux extremitez d'iceluy s'assemble tant encore 2
forces à tenons et mortois estant dans le tirant que estant le haut d'vn
poinçon, duquel le bas porte a plomb sur le milieu du tirant. Ce point
on sera garny de boisage tant en haut qu'en bas et auec abbais der

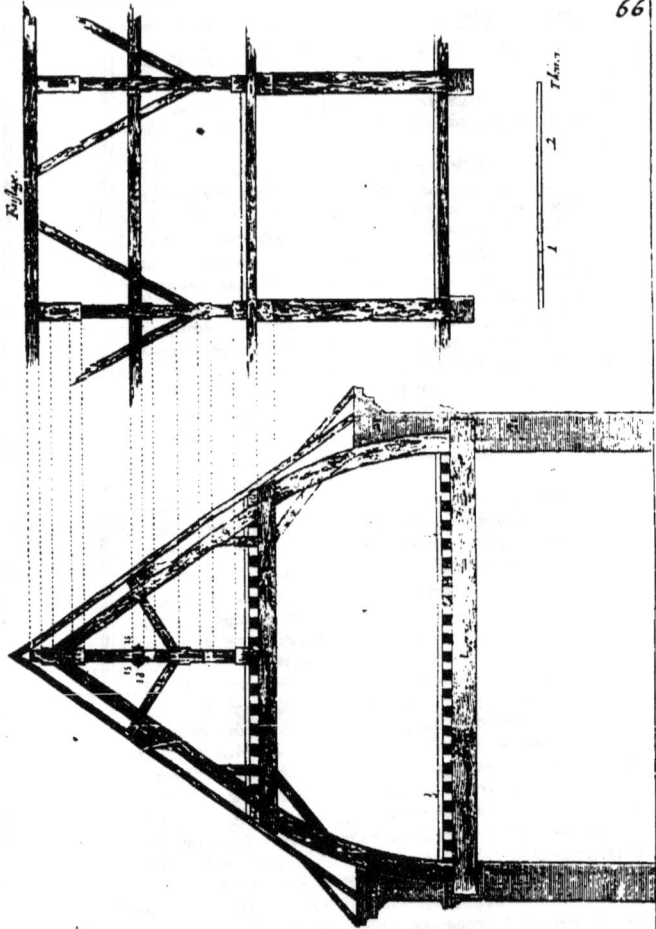

Frofage.

1 La poutre
2 Les Solive
3 Faire du plancher
4 Les Jambes de force
5 Les goulets
6 L'entrait
7 Le poinçon
8 Les Jambetes
9 Les pattes fiches
10 Le bout du panne
11 La noulaux
12 Les chantgnolles
13 Les Chevrons
14 La contrefiche
15 Le bout des amoires
16 Les bouts des pannes
17 Le faiste
18 Le sous faites
19 Les liens
20 Les copeaux
21 Les murs

contrefiches et liens: ces forces sont encore liées au tirant auec iambettes portans
à plomb sur iceluy, et s'assemblent tant auec le tirant qu'auec la force, auec te=
nons et mortoises; et dedans le poinçon et les forces, sont encores assemblées des
contrefiches à tenons et mortoises; et se ioignent les contrefiches aux forces iustemēt
au droit des pannes, lesquelles pannes sont sousftenues des tasseaux cheuillez auec
cheuilles de bois; et ces tasseaux sont encore soustenus de chantignoles encastrées
d'vn pouce ou de 3 quarts de pouce par bas dedans le corps de la force, et venans
à mourir à rien par haut au dessous du tasseau. Et seront posées deux autres
pannes sur les testes desdits tirans, et aux abouts des dites forces, et sur les dits
pannes tant dēn haut que dēn bas, seront posez les cheurons qui s'assemble=
ront les vns aux autres, auec tenons et mortoises par haut; et encastrez dans lare=
ste dudit faistage d'vn pouce, et poseront par bas sur l'entablement à vn pouce
ou pouce et demy de retraitte sur l'épaisseur du mur, à prendre du dehors sans
la saillie; et seront les dits cheurons percez, ou autremēt brandis et cheuillez auec
cheuilles debois à trauers des corps des dites pannes; et sur le bas des dits cheurōs
seront appliquez coy aux clouez sur les dits cheurons, et dont le bas portera iuf=
ques aux bords de la saillie de l'entablement, afin de reietter les eaux arriere de
des murs. Tout ce que dessus est pour la description et deuis des fermes. Reste à
traitter desfaistages qui sont de ferme enferme, pour la construction desquels
s'assemble le faiste dans le bout des haut des poinçons par tenons et mortoises,
et vn sousfaiste au dessus enuiron le mitan des dits poinçons, pareillement
assemblé aus dits poinçons des deux fermes par tenons et mortoises; et dedans
les dits poinçons au dessous du sousfaiste s'assembleront des liens coupez en a
à l'endroit dudit sousfaiste, lesquels se lieront tant auec les dits poinçons que
faiste et sousfaiste à tenons et mortoises, et seront tellement espacez par haut
qu'ils diuisent le faiste en trois parties; et l'vne de ces 3 parties estant derechef par
tie en deux, il en faudra donner trois semblables à laspace depuis le dessous
du faiste iusques à labout du lien. Et en cas que les liens et sousfaiste vinssent
à se confondre ensemble au poinçon, il faudra prendre la conionction du lien
et du poinçon plus bas à la discretion de l'ouurier, pour veu qu'on n'affoiblisse
point le corps du poinçon. Et seront les faistes liez les vns aux autres par le moy=
en de longs ioincts a crochettes au droit des poinçons, et cheuillez auec cheuil=
les de bois; et les sousfaistes, liens, et poinçons seront affermis de deux amoises
qui embrassent les poinç... ns sousfaistes et liens à l'endroit des assemblages.
Ces amoises seront cheuillées l'vne auec l'autre, et au sousfaiste par cheuilles de
bois trauersantes de part en part; et seront les cheurons espacez sur les faistages
et pannes de deux pieds en deux pieds, si les cheurons sont de bonne grosseur,
ou de seize pouces, s'ils sont foibles, car par ce moyen la latte qui à communemēt
4 pieds, portera sur 3 cheurons de deux en deux pieds, et sur 4 de seize en seize
pouces. Voila donc ce que se peut dire tant des fermes que des faistages des
couuertures communes, selon la premiere maniere, mais le tout se verra plus dis-
tinctement au dessein qu'il ne se peut exprimer par parole.

La Seconde maniere qui se fait auec exacement et platteforme, se construit
ainsi. Sur les deux extremitez des murs sont posées 2 sablieres, en sorte qu'au=
cune partie d'icelles ne porte à faux; elles seront iointes les vnes aux autres
des entretoises sur toute leur longueur, espacées entre elles de 6 en 6 pieds.
Sur ces Sablieres sont trauez des blochets à mordans et queuë d'airondle enfon=
cez dans icelles d'vn pouce ou d'vn pouce et demy, en sorte que le dessus desdits
blochets vienne de niueau: et au dessus des extremitez des blochets seront posez
les maistres cheurons, et assemblez par tenons et mortoises dans les dits blochets

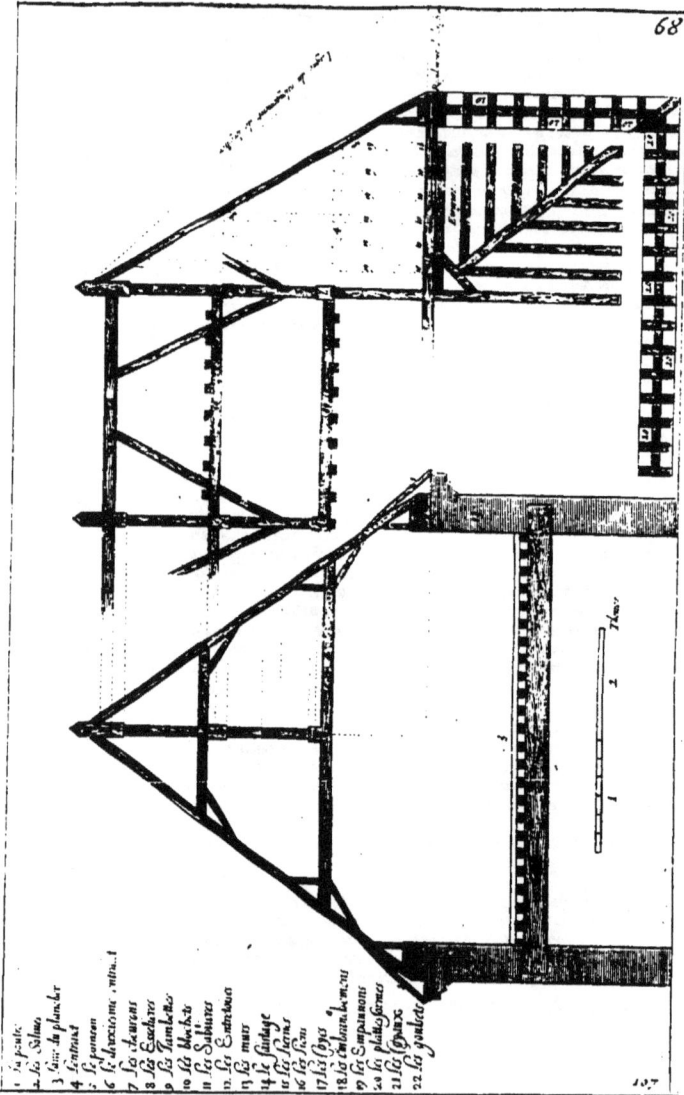

1. La faîte
2. Les Sablieres
3. L'aire du plancher
4. L'entrait
5. Le poinçon
6. L'élévation intérieure
7. Les chevrons
8. La Enchevre
9. Les Tremblies
10. Les blochets
11. Les Sablieres
12. Les Entretoises
13. Les murs
14. Le faîtage
15. Les pannes
16. Les sous
17. Les Coyeu
18. Les Coulisses, lucarnes
19. Les Empannons
20. Les plates-formes
21. Les Goussets
22. La goulotte

Toise

et en haut dans le corps d'vn poinçon: et sur les extremitez du blochet
en dedans seront portées des jambettes assemblées auec tenons et mortoises, et à la hauteur que vous voudrez donne' à lestage en galletas sera con-
duit vn entrait d'vn cheuron à lautre, assemble' auec tenons et mortoises, et
liez par dessous auec esseliers espacez ainsi que nous auons dit des goussets, et par le dessus de jambettes, et au milieu de l'entrait sera pose' le poinçō
dont a esté parlé cy dessus, auec tenons et mortoises, et boulons de fer, par
dessous l'entrait si besoin est et enuiron la moitié du dit poinçon sera assemble' vn autre petit entrait de deux pieces à tenons et mortoises, assemblez et soustenu par esseliers comme les precedens. Ce que dessus est la
description d'vne maistresse ferme. Or les fermes qui sont entre deux
maistresses fermes, s'appellent fermes de remplage, et sont espacées entr'elles
de deux en deux pieds, de milieu en milieu, et sont garnies de pareilles
parties que les maistresses fermes, et semblablement assises hormis le poinçon, et que les entraits n'y les cheurons nen sont si gros. Ce que dessus est
dit pour le regard des fermes tant maistresses que de remplage. Reste
a parler des faistages qui se construisent en assemblant des faistes par
haut dans les testes des poincons, et deux liernes les vnes basses les autres
hautes, trauées sur les entraits des fermes de remplage et assemblées
par les deux bouts dans le corps des dits poincons. Et dans le faiste estā-
entre deux poincons sont assemblas par haut deux liens coupez en 2, lesquels par bas s'assemblent auec tenons et mortoises, tant à la lierne qu'au
corps desdits poincons: et pour le regard des croupes il se fera vne demye
ferme dans le milieu, semblable auec precedentes maistresses fermes hormis qu'elle sera vn peu plus roide, et de part et dautre de la dite demye ferme s'espaceront autres demyes fermes de remplage ou empannons de 2
pieds en 2 pieds, ou de 16 en 16 pouces, de milieu en milieu, dont les embra-
chemens s'assembleront auec tenons et mortoises, dans le corps des coyers,
et dedans les empannons ou demy ferme: lequel ordre sera aussi gardé
du costé du long pan depuis l'arestier, jusques à la rencontre de la maistresse ferme. Et dedans le blochet qui est en langle traué sur la platteforme est assemblé l'arestier, dont le sommet se va joindre à gueule
dans l'areste du poinçon par haut, et est cet arestier assemblé par bas
auec vne jambette dans ledit blochet, et dans le corps du dit arestier,
ensemble dans des goussets proches du poinçon s'assembleront à tenons et
mortoises deux coyers l'vn en bas l'autre en haut, et seront assemblez deux
grands esseliers dans les coyers et arestier, ensorte que les petits esseliers qui
viendront à l'endroit s'y puissent assembler dedans. Pareillement aussi s'assembleront les empannons tant dedans les blochets que dedans l'arestier,
ensemble les jambettes, le tout auec tenons et mortoises, espacez, cō'e dit est
de 2 en 2 pi. ou de 16 en 16 pou. Voila ce que nous auons jugé deuoir estre
dit pour les lieux ou y a exaucemē.' de l'entablemē.' au dessus du dernier plā-
cher. Reste à parler de ceux ou il n'y a point de exaucemē.' qui se pourront encore construire par la 2.ᵉ maniere que nous venons de deduire et par la 3.ᵉ
et 4.ᵉ suiuantes.

   La 3.ᵉ Maniere, à beaucoup de ressemblance auec la 1.ᵉʳᵉ excepté qu'au
lieu des jambes de forces et des forces appliquées au dessus d'icelles, il n'y a que
forces simples continuées du bas en haut, et qui portent sur les poutres
et sur le corps des murs par bas, et dans le poinçon par haut. Lequel poinçon descend jusques sur le milieu de la poutre, à laquelle il est joint auec
tenons et mortoises, et au cas que la poutre ait grande portée, on pourra
encore lier le poinçon auec j'celle, auec boulons de fer ou à estrier, moyen-
nant que les forces soient bien assemblées dans le corps du poincō auec
abouts. Mais si la poutre n'a pas grande portée, on pourra faire l'entrait
d'vne piece, et couper le poinçon au dessus d'icelluy, qui s'assemblera auec
ledit entrait auec tenons et mortoises, et par ce moyen le grenier sera deli-
uré de l'incommodité du poinçon.

1 *Le ponçon*
2 *L'entrait*
3 *Les chevrons*
4 *Les coiches*
5 *Les liernes*
6 *Les liens*
7 *Entrait de comp.*
8 *Chevron de comp.*

Petite Ferme. *Faitage.*

1   2   Toises.

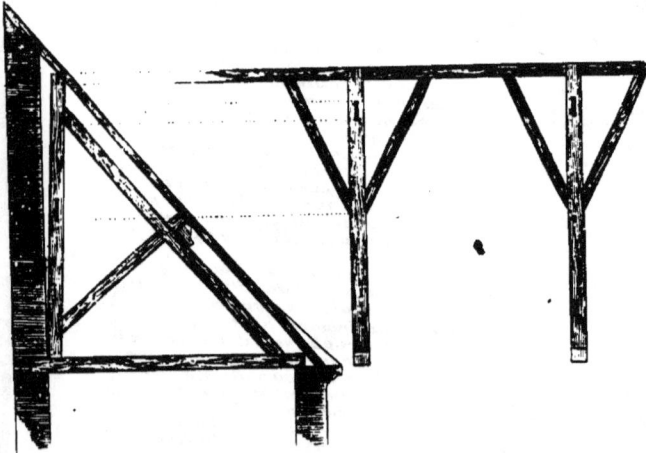

91 La quatriesme maniere n'est guere dissemblable a la deuxiesme, excepté que le poinçon descend iusques sur le milieu de la poutre, et que l'entablement n'a point de xaucement sur le dernier plancher : et outre ce qu'il y a des lierues trauées sur les extremitez des grands ens cuts, le poinçon se joint auec la poutre auec tenons et mortoises. Et au cas que la poutre ait longue portée, on la pourra supporter auec le poinçon, auec bouillons ou estriers de fer : mais si la poutre n'a grande portée, on fera l'entrait d'une piece, et dans iceluy s'assemblera le poinçon sans qu'il soit besoin de le continuer plus bas.

Reste encore deux autres manieres de petits combles, pour couurir les passages, escaliers, galleries et autres accommodemens ; dont le premier se fait auec petites fermes et fermes simples. Les petites fermes sont composées de deux cheurons, un poinçon et un entrait, les deux cheurons assemblez par haut dans la teste du poinçon à tenons et mortoises, et portez par bas sur sablieres si ce sont pans de bois, ou sur plateforme si c'est maçonnerie. L'entrait s'assemble aux cheurons et au poinçon par tenons et mortoises. Les fermes simples sont composées de deux cheurons couplez par haut auec tenon et mortoise, et d'un entrait fait de deux pieces, assemblées dans les cheurons, et dans le corps d'une lierne qui va d'une ferme à l'autre, et porteront les cheurons par bas, sur sablieres, ou sur plattes formes, comme dit est. Les fermes simples s'espaceront entre les deux petites fermes de deux en deux pieds, ou de seize en seize pouces. Le faistage entre deux petites fermes sera soustenu par deux liens assemblez, tant dans la piece du faistage, que dans le corps des poinçons, à tenons et mortoises ; auquel on pourra adiouster une entretoise ou croix S. André par le mita, si la portée est trop longue. La croupe sera composée d'un entrait de croupe assemblé dans le grand entrait de la ferme, et dans le cheuron de croupe ; et de deux goussets pareils le mita assemblés dans lesdits entraits, dans lesquels goussets seront assemblez deux coyers, lesquels pareillement s'iront assembler dans les arestiers. Et dans les Coyers s'assembleront aussy de petits entraits espacez entre eux de seize en seize pouces, ou de deux en deux pieds, comme dit est, et se viendront de rechef assembler dans les empannons, et lesdits empannons s'assembleront par bas dans les sablieres ou plattes formes, et par haut dans les arestiers. L'autre maniere de petit comble est celuy que l'on nomme en appenty ou apetteue, lequel est composé d'une demye ferme, qui consiste en un tirant porté dans les deux corps du mur, sur lequel tirant est assemblé un poinçon le long du grand mur, et dedans le tirant et poinçon est assemblée une force, soustenue par son milieu d'une contrefiche, pareillement assemblée tant en ladite force que dans le corps du poinçon. A l'endroit de la contrefiche, et au dessus de la force sera posée une panne, soustenue d'un tasseau et d'une chantignolle, et entre deux demy fermes sera le faistage, composé d'une piece de bois assemblée et portée sur les testes des poinçons à tenons et mortoises, et soustenuës par dessous de liens. Et sur le faistage, panne, sabliere, ou platte forme, se poseront les Cheurons, espacez de deux en deux pieds, ou de seize en seize pouces, et seront lesdits Cheurons percez et brandis auec cheuilles de bois, tant sur les pannes que faistage, et au bas d'iceux cheurons seront appliquez des Coyaux clouëz sur les dits cheurons.

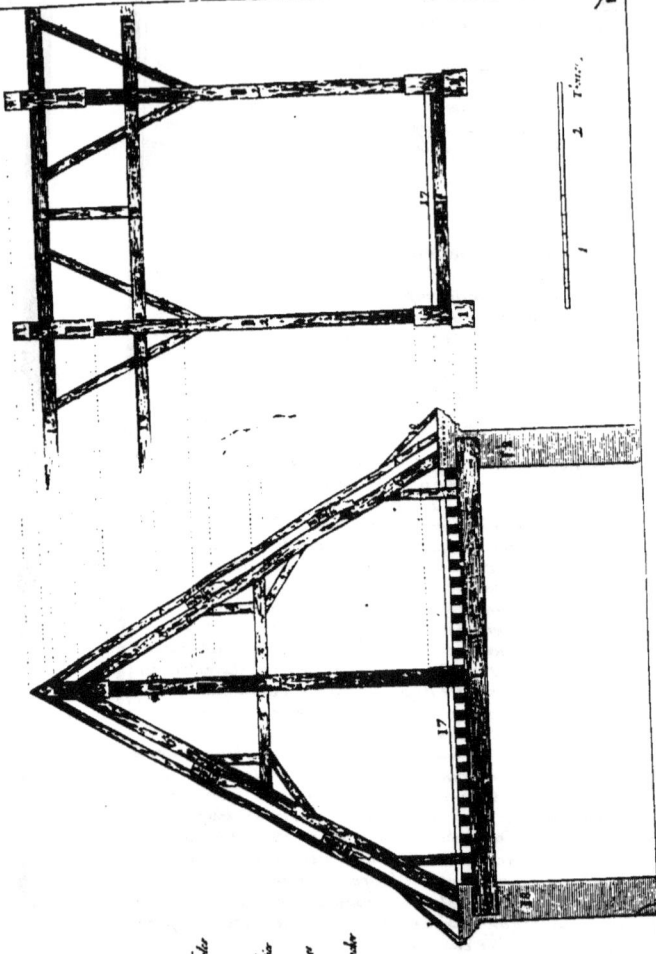

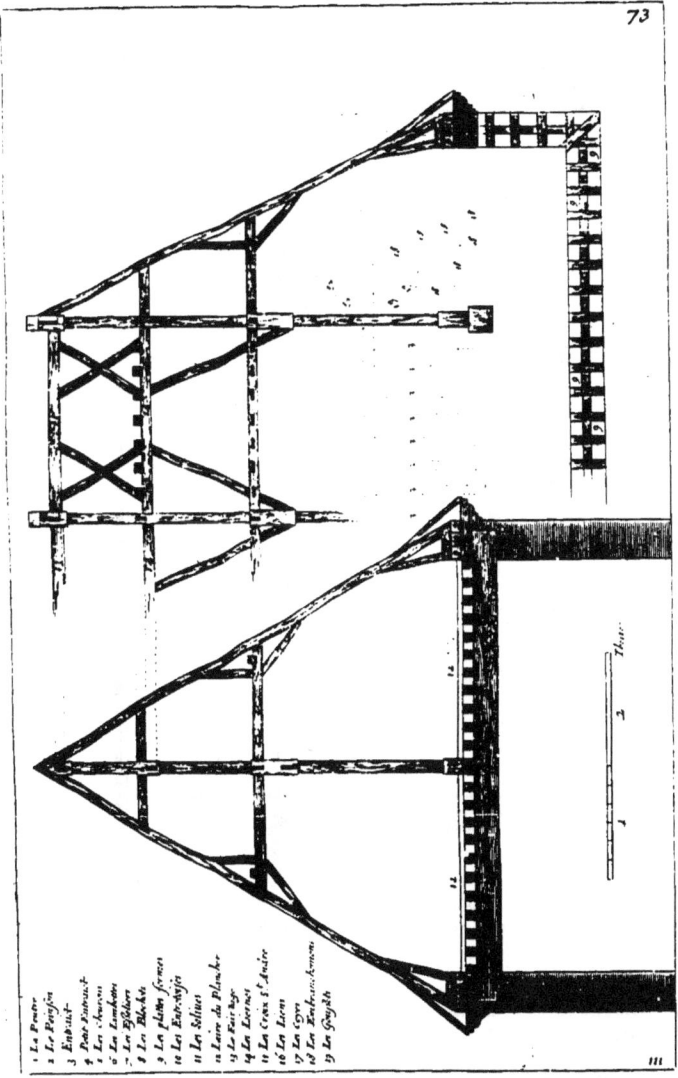

1 La Poutre
2 Le Poinçon
3 L'Entrait
4 Pote d'entrait
5 Les Arrestiers
6 Les Lambeins
7 Les Blochets
8 Les Blochets
9 Les plates formes
10 Les Entretoifes
11 Les Sabliers
12 L'aire de Plancher
13 Le Faitage
14 Les Liernes
15 Les Croix S. Andre
16 Les Liens
17 Les Coyes
18 Les Enrrayemens
19 Le Gouffet

III

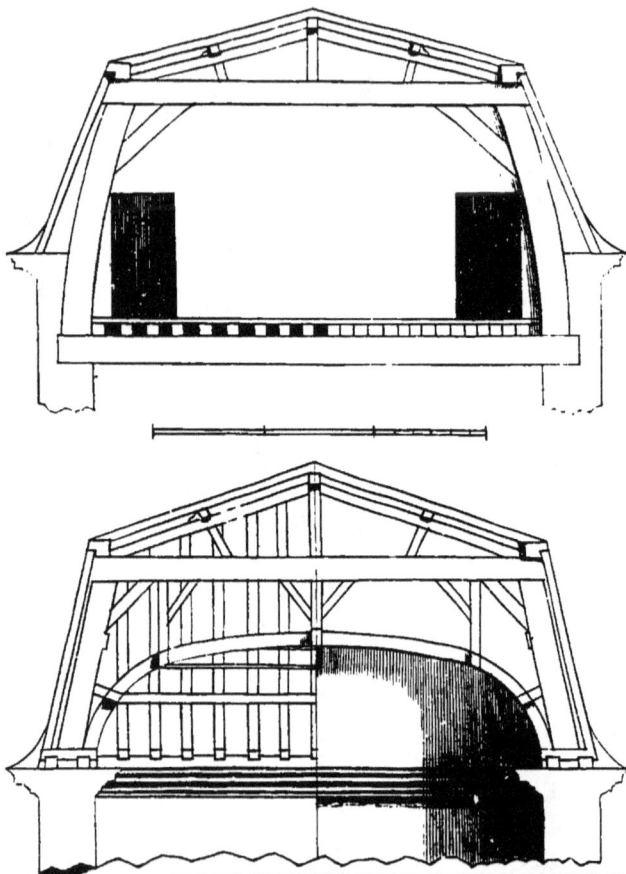

J'ay cru deuoir adiouter en ce liure quelques *Combles* ou *Toits* recouper
A la *Mansarde* ainsy nommez parceque feu *Monsieur Mansart* jllustre
Architecte en est jnuenteur, ces *Toits* nous donnent à peu près les commoditez
des *Toits plats d'Italie*. Cette maniere est fort visitée presentement. et l'on en
voit de tres beaux exemples dans plusieurs des bâtimens *Royaux*, et prin-
cipalement dans ceux que l'on à fait depuis peu à *Versailles* et aillieurs.

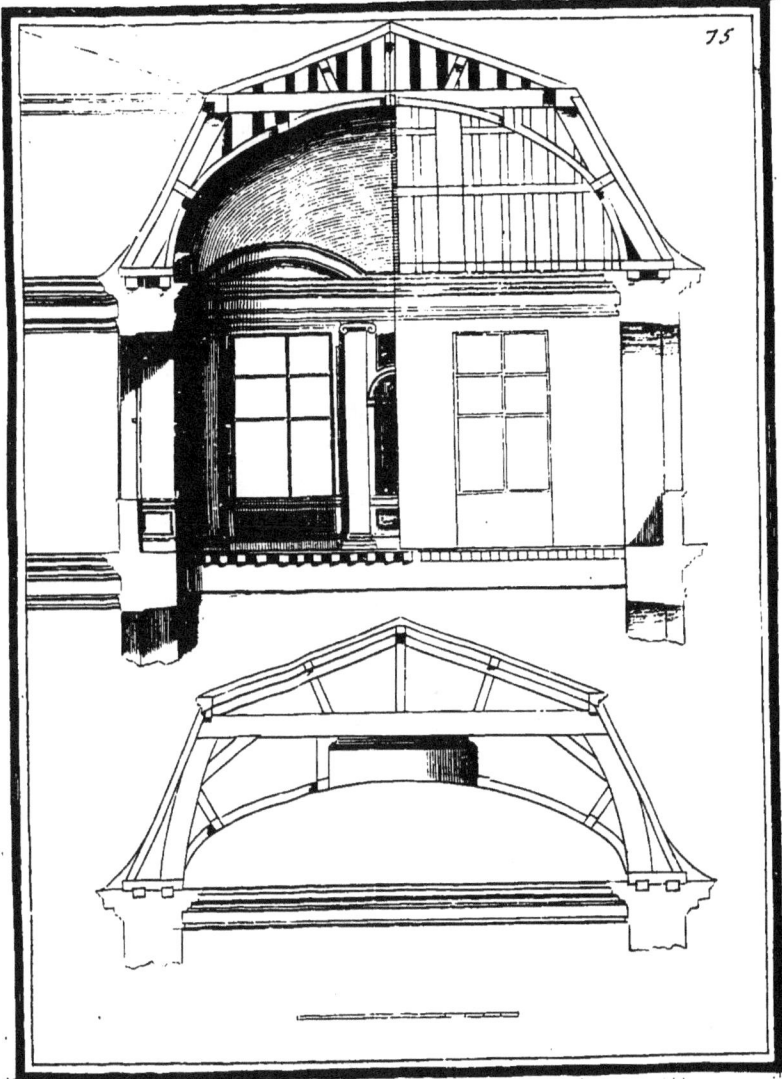

75

Les Œuvres du Sr LE MVET

MANIERE DE BIEN BASTIR
POUR
TOUTES SORTES DE PERSONNES
Contenant plusieurs figures Plans et Elevations des plus beaux bastimens et Edifices de France
SECONDE PARTIE

Theizes

A

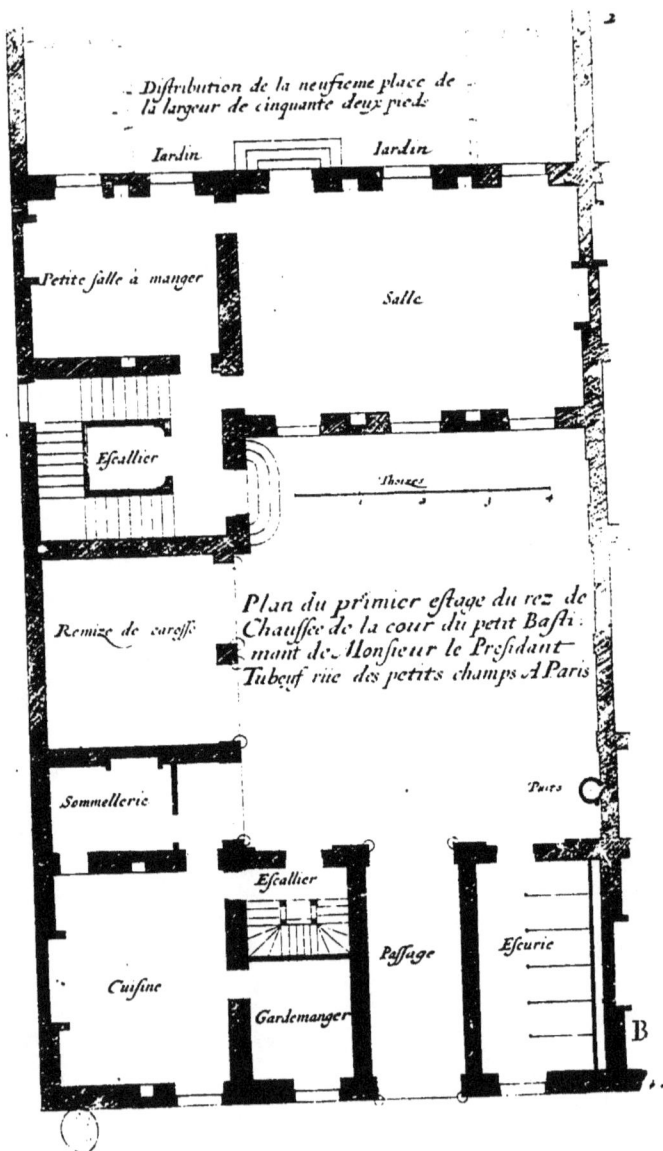

Distribution de la neufieme place de
la largeur de cinquante deux pieds

Iardin   Iardin

Petite salle à manger   Salle

Escallier

Thoises

Remize de caross.

Plan du premier estage du rez de
Chaussée de la cour du petit Basti-
mant de Monsieur le Présidant
Tubeuf rüe des petits champs A Paris

Sommellerie   Puits

Escallier

Cuisine   Passage   Escurie

Gardemanger   B

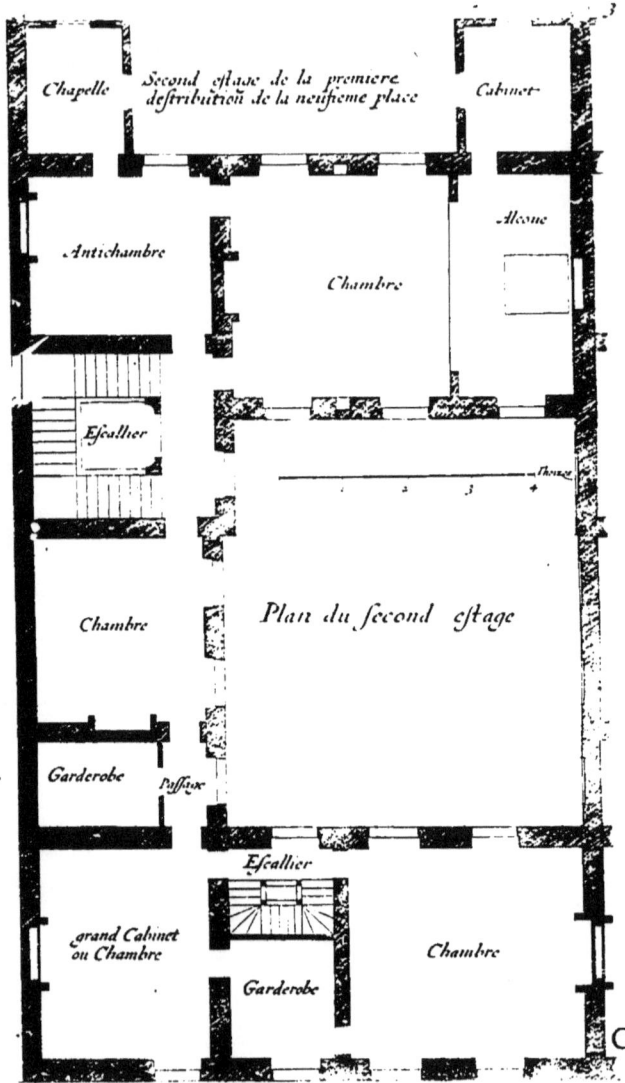

Chapelle

Second estage de la premiere
destribution de la neufieme place

Cabinet

Antichambre

Chambre

Alcove

Escallier

Plan du second estage

Chambre

Toise

Garderobe

Passage

Escallier

grand Cabinet
ou Chambre

Chambre

Garderobe

C

FACE DV BASTIMANT DV COSTE DE LA COVR

Thoizes

D

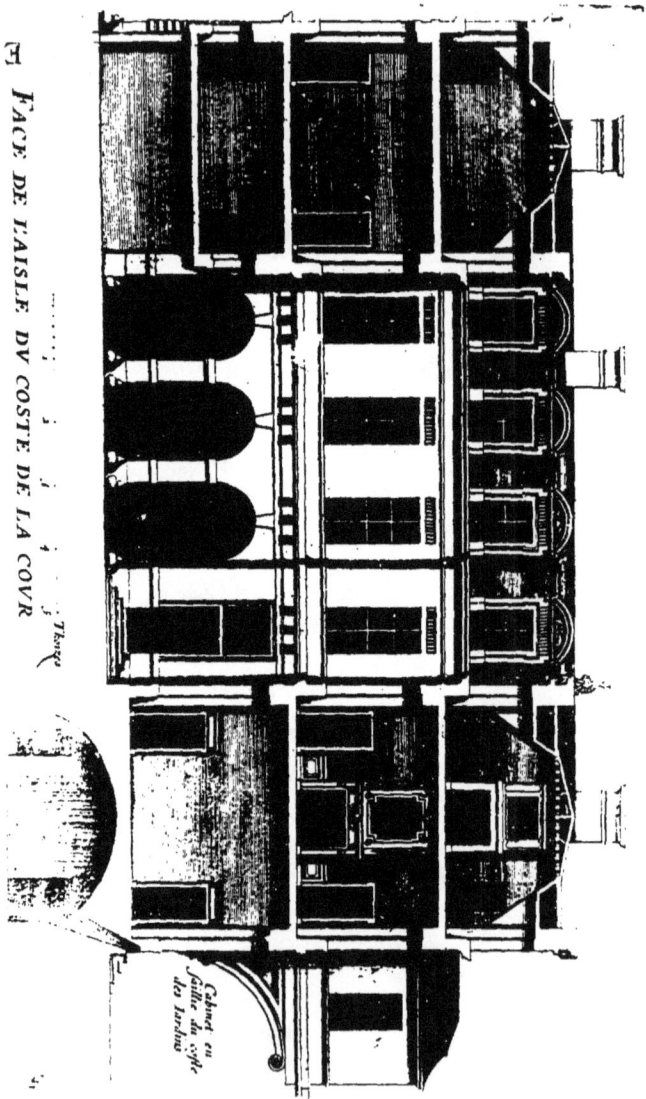

F. FACE DE L'AISLE DV COSTE DE LA COVR

Toise

Cabinet ou
faille du costé
des Jardins

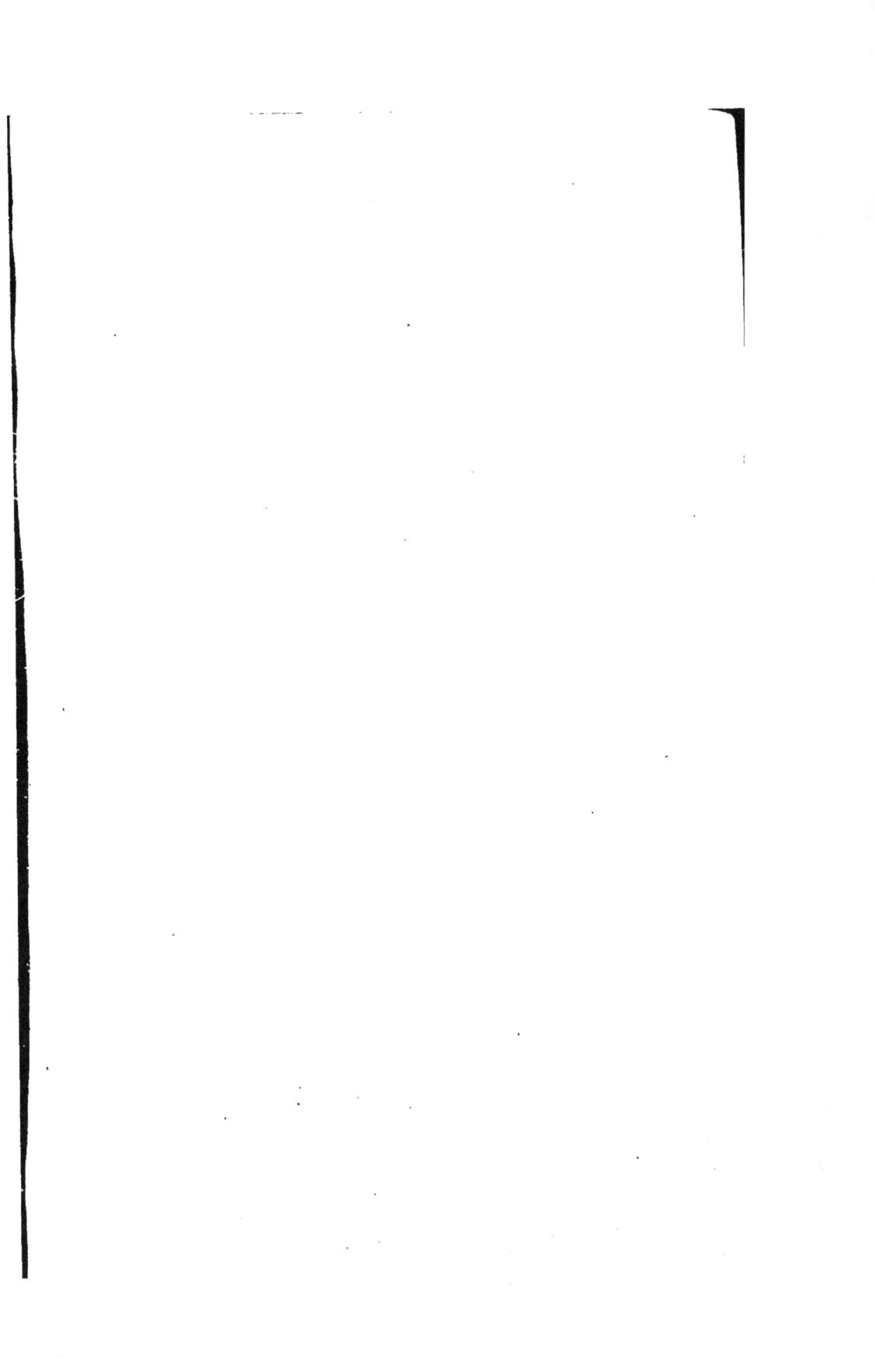

Cabinet

Jardin

Cabinet

Salle et au dessus
Chambre et garderobe

Petite salle a manger

Escallier

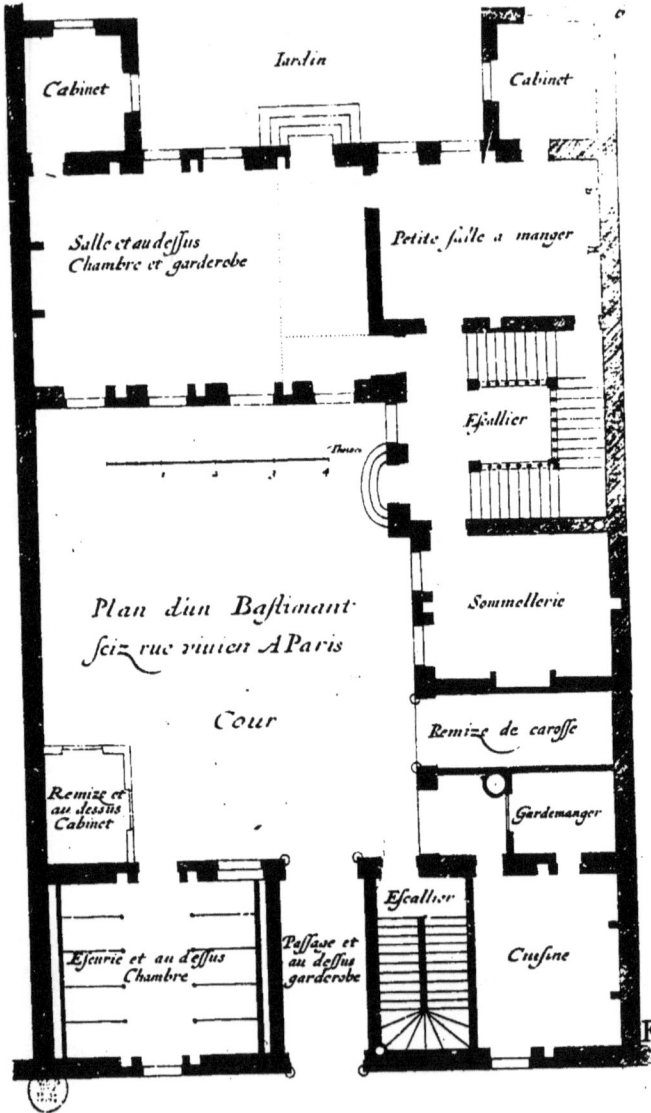

Plan d'un Bastimant
seis rue vivien A Paris

Sommellerie

Cour

Remise de carosse

Remise et
au dessus
Cabinet

Gardemanger

Escallier

Escurie et au dessus
Chambre

Passase et
au dessus
garderobe

Cuisine

F

FACE DV BASTIMENT DV COSTE DE LA COVR

G

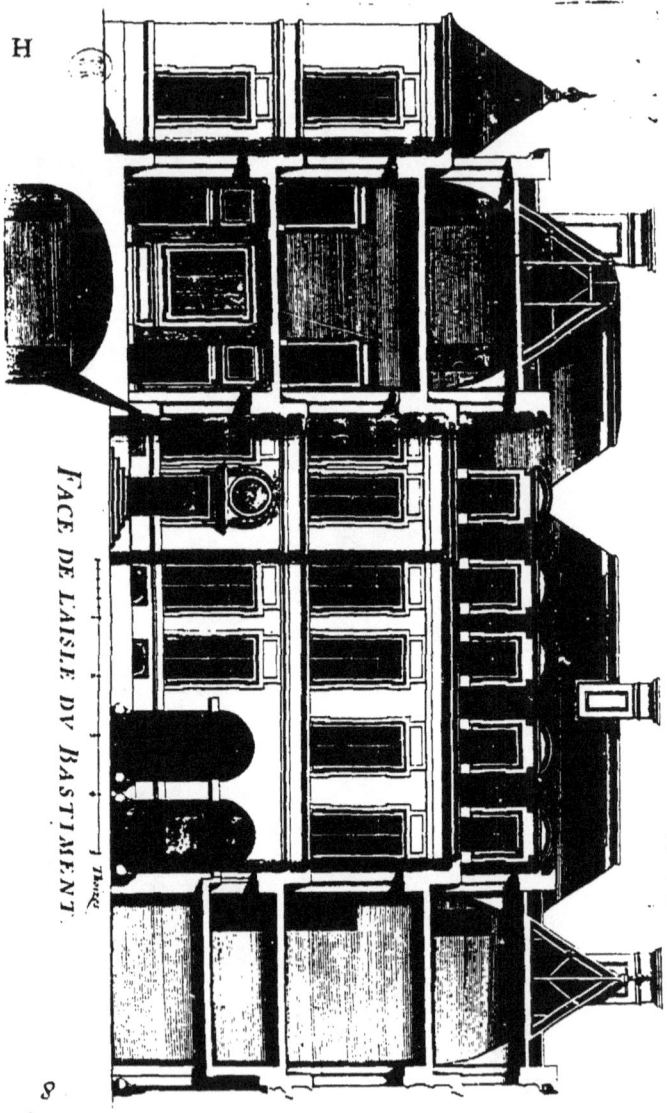

FACE DE L'AISLE DV BASTIMENT.

H

8

Garderobe

Chambre d'esté

Vestibule

Chambre

Secours de Sommellerie

Sommellerie

Grande Salle d'esté

Passage

Boulangerie

Chambre d'Officiers

Fossé

Fossé

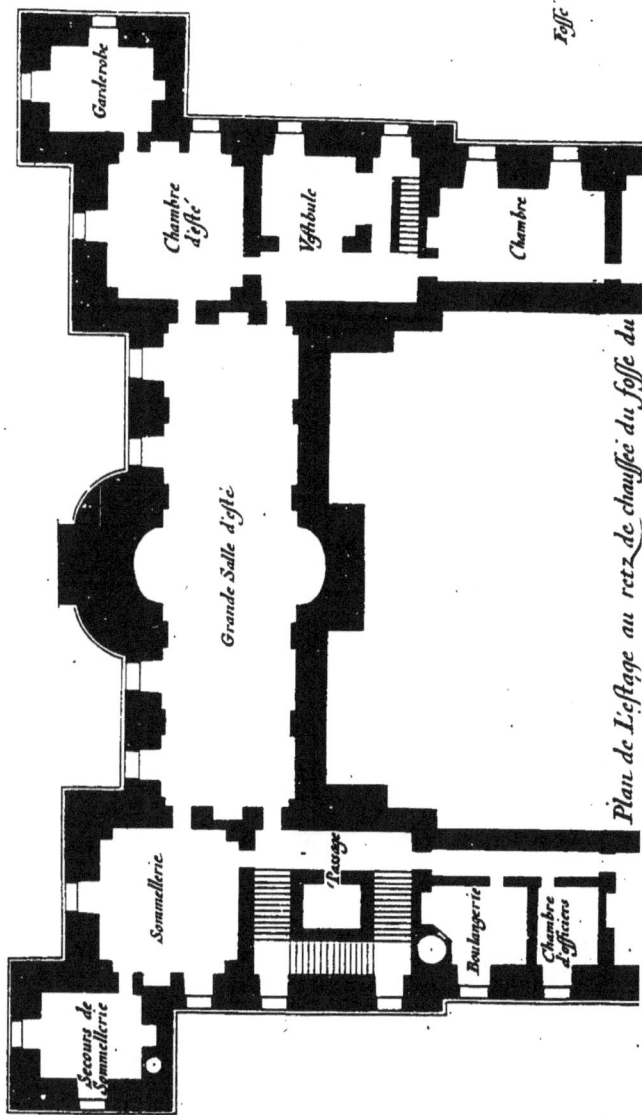

Plan de L'estage au retz de chaussée du fossé du

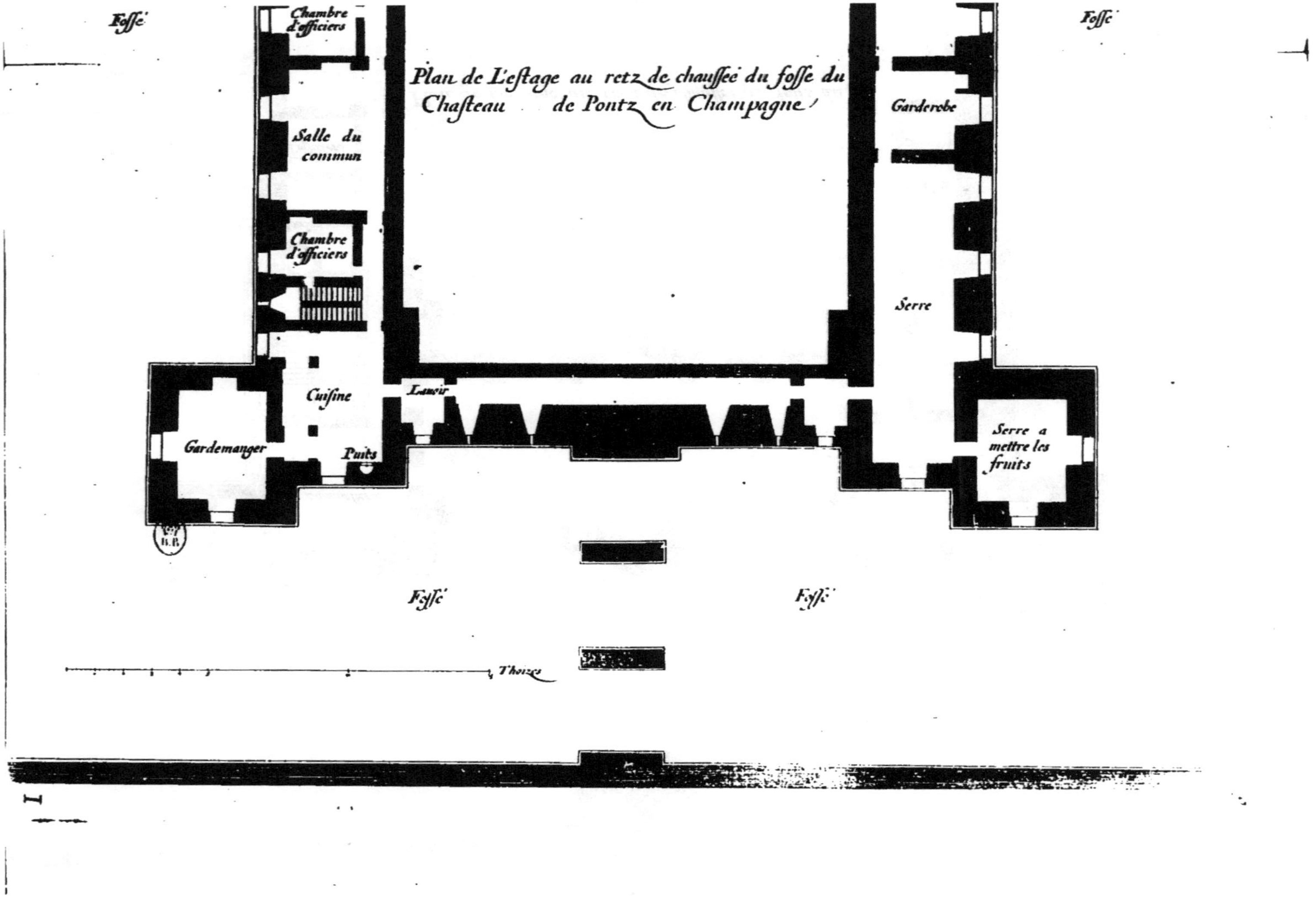
Plan de L'estage au retz de chaussée du fossé du Chasteau de Pontz en Champagne
Fossé
Fossé
Chambre d'officiers
Salle du commun
Chambre d'officiers
Cuisine
Gardemanger
Puits
Lavoir
Garderobe
Serre
Serre a mettre les fruits
Fossé
Fossé
Thoizes

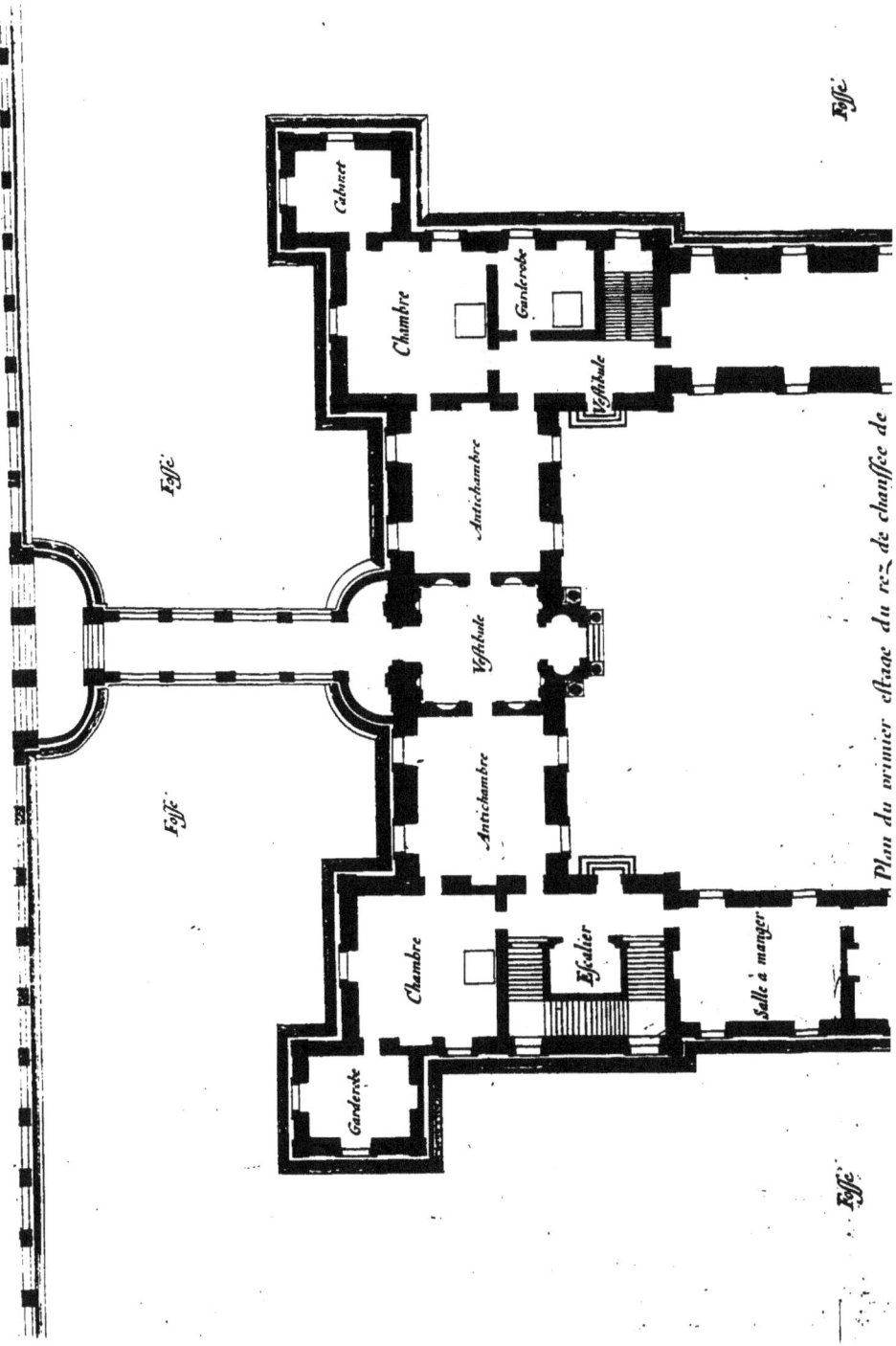

Cabinet

Chambre

Garderobe

Vestibule

Antichambre

Fossé

Vestibule

Fossé

Fossé

Antichambre

Chambre

Escalier

Garderobe

Salle à manger

Fossé

Fossé

Plan du premier estage du rez de chaussée de

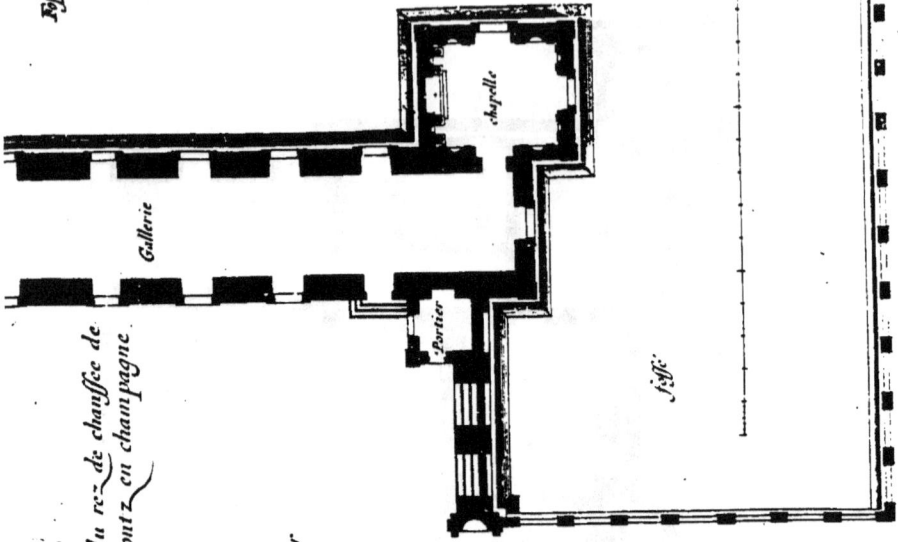

Plan du premier estage du rez de chaussée de la cour du chasteau de Pontz en champagne

Fossé

Gallerie

chapelle

Portier

cour

Chambre

Alcove

Garderobe

Garderobe

Alcove

chambre

Cabinet

Fossé

Fossé

Fossé

Fossé

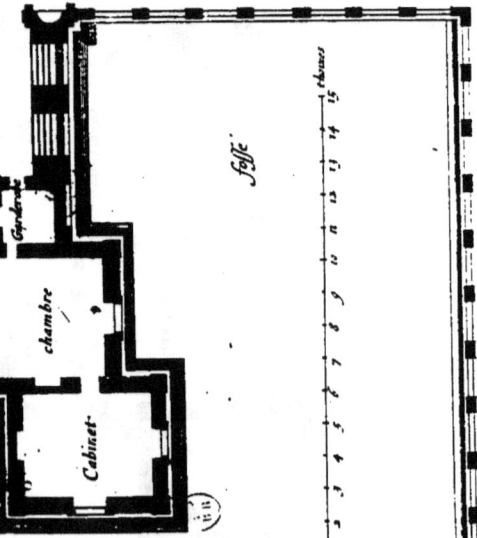

1 2 3 4 5 6 7 8 9 10 11 12 13 14 15 thoises

K

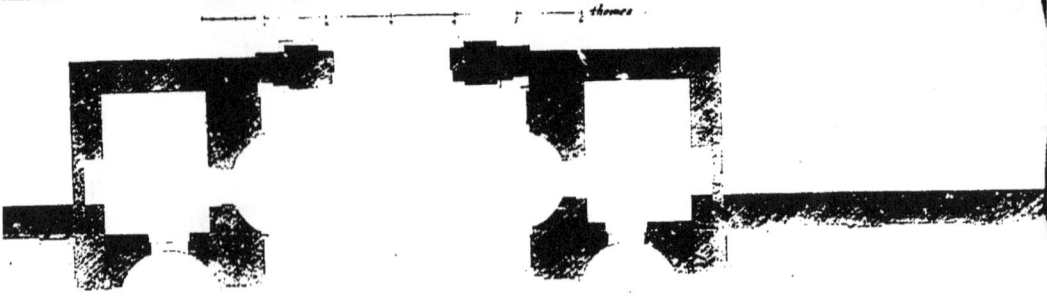

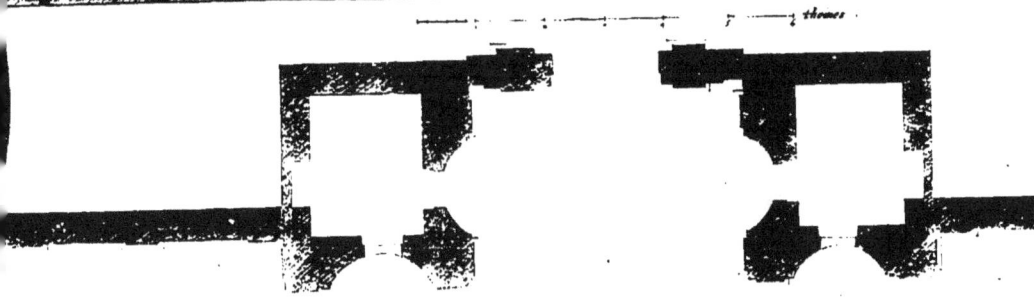

L'ANTICOVR DV CHASTEAV DE PONTZ

VEC LA TERRASSE DE L'ENTRÉE ET PAVILLON SUR LE DEVANT

FACE DV COSTÉ DE LA COVR DV CH.

DV CHASTEAV DE PONTZ EN CHAMPAGNE

FACE DE LAISLE DV COSTÉ L

OSTÉ DE LA COVR DV CHASTEAV DE PONTZ

FACE DV COSTÉ DV PARTERRE DV CH

DV CHASTEAV DE PONTZ EN CHAMPAGNE

Toises

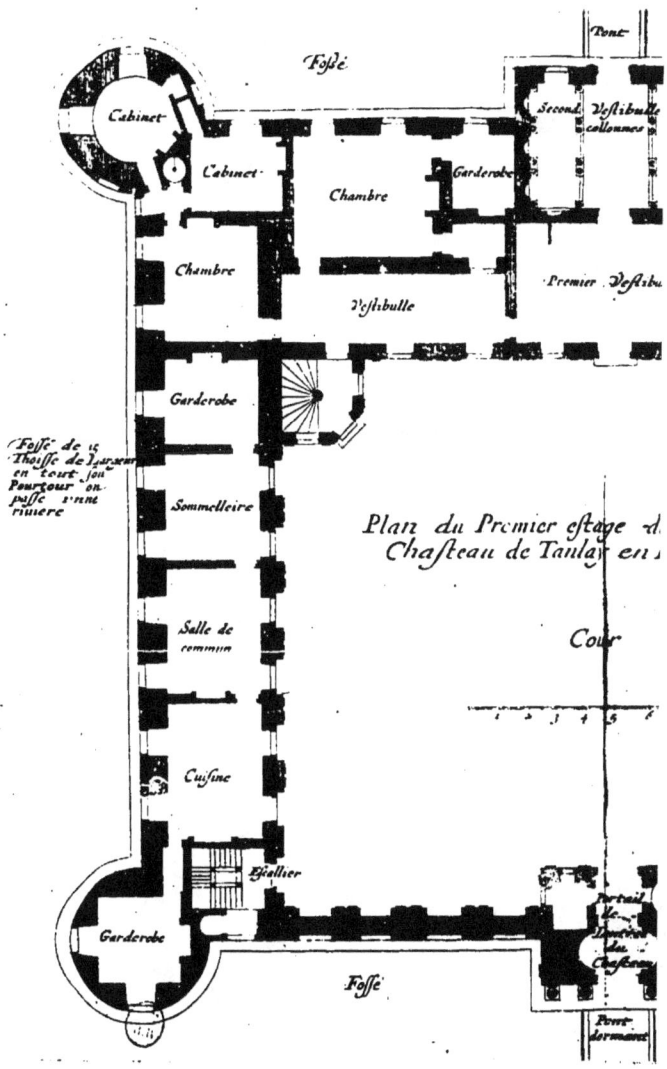

Tont

Fosse

Cabinet

Second Vestibulle columnes

Cabinet

Chambre

Garderobe

Chambre

Vestibulle

Premier Vestibu

Garderobe

Fosse de 1.
Thoisse de largeur
en tout son
Pourtour on
passe vnne
riuiere

Sommelleire

Plan du Premier estage d.
Chasteau de Taulay en

Salle de
commun

Cour

Cuisine

Escallier

Garderobe

Portail
de
l'antree
des
Chasteau

Fosse

Pont
dormant

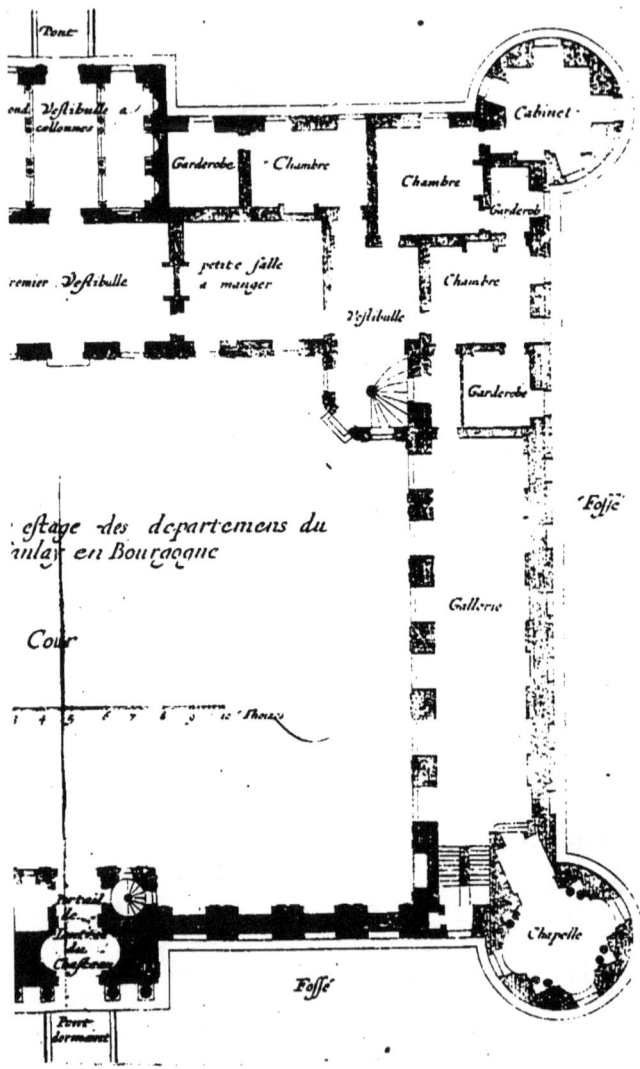

Pont

ond. Vestibulle a
collonnes

Garderobe   Chambre

remier Vestibulle

petite salle
a manger

Cabinet

Chambre

Garderob

Chambre

Vestibulle

Garderobe

Fossé

estage des departemens du
inlay en Bourgogne

Cour

Gallerie

1 2 3   4 5   6   7   8   9   10 Thoises

Portail
de
l'ecurie
des
Chasseurs

Pont
dormant

Fossé

Chapelle

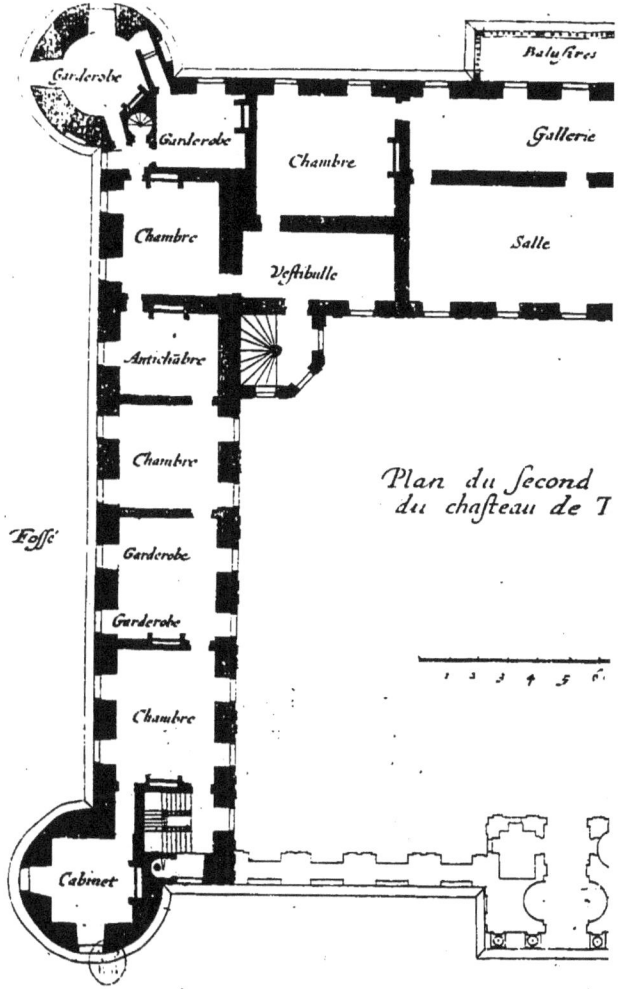

Balustres

Gallerie

Garderobe

Garderobe   Chambre

                                                    Salle

Chambre

                             Vestibulle

Antichâbre

                                      Plan du second
Chambre   du chasteau de T

Fossé   Garderobe

               Garderobe

                                      1 2 3 4 5 6

               Chambre

Cabinet

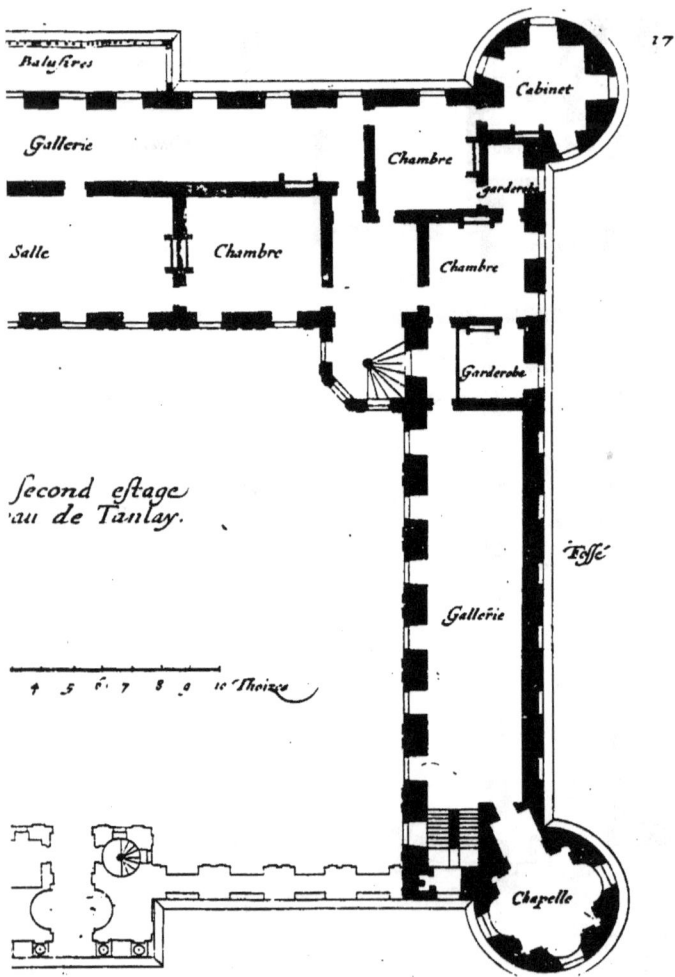

Balustres

Gallerie

Cabinet

17

Chambre

Salle   Chambre   garderobe

                                 Chambre

                 Garderobe

second estage
au de Tanlay.

Fossé

4   5   6   7   8   9   10 Thoizes

Gallerie

Chapelle

R

FACE. DV COSTE DE LA COV

LA COVR DV CHASTEAV DE TANLAY

LVNE DES FACES DE L'AISLE DV COST.

COSTÉ DE LA COVR DV CHASTEAV DE TANLAY

FACE DV COSTÉ DV PARTERRE

A.B.C.D. *eſt vn maſſif
de maſſonerie qui eſt diuiſé
par le deſſoubs par cinq
Acqueducs, ou entre vne
riuiere qui paſſe par
cinq maſques marqués* E.

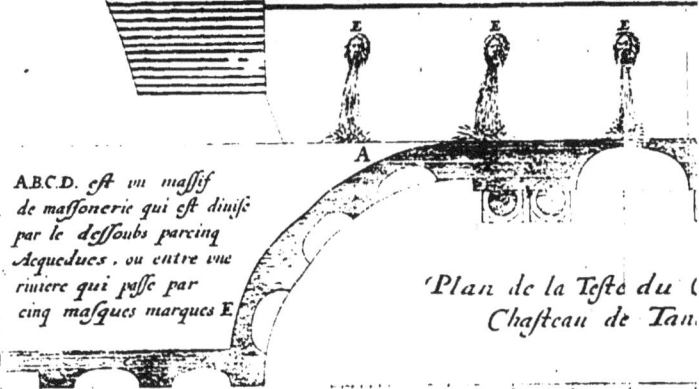

'Plan de la Teſte du
Chaſteau de Tan.

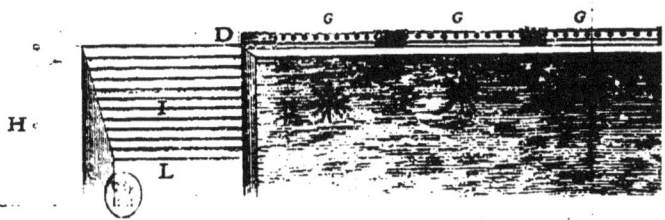

DV CANAL DV CHASTEAV DE TANLAY

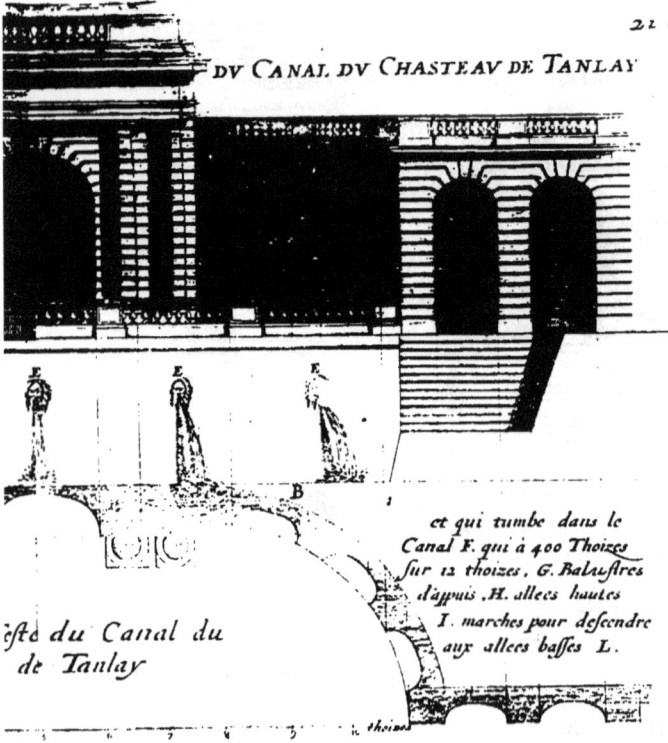

est du Canal du
de Tanlay

et qui tumbe dans le
Canal F. qui à 400 Thoizes
sur 12 thoizes. G. Balustres
d'appuis .H. allees hautes
I. marches pour descendre
aux allees basses L.

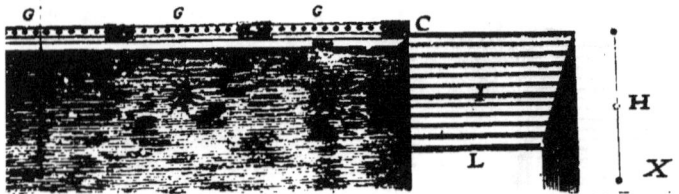

. thoizes

G   G   G   C

H

L   X

Fosse Pont

Fosse lea

Galler

Chambre

Garderobe

Passage

Escallier

Salle

Fosse de
15 Thoise

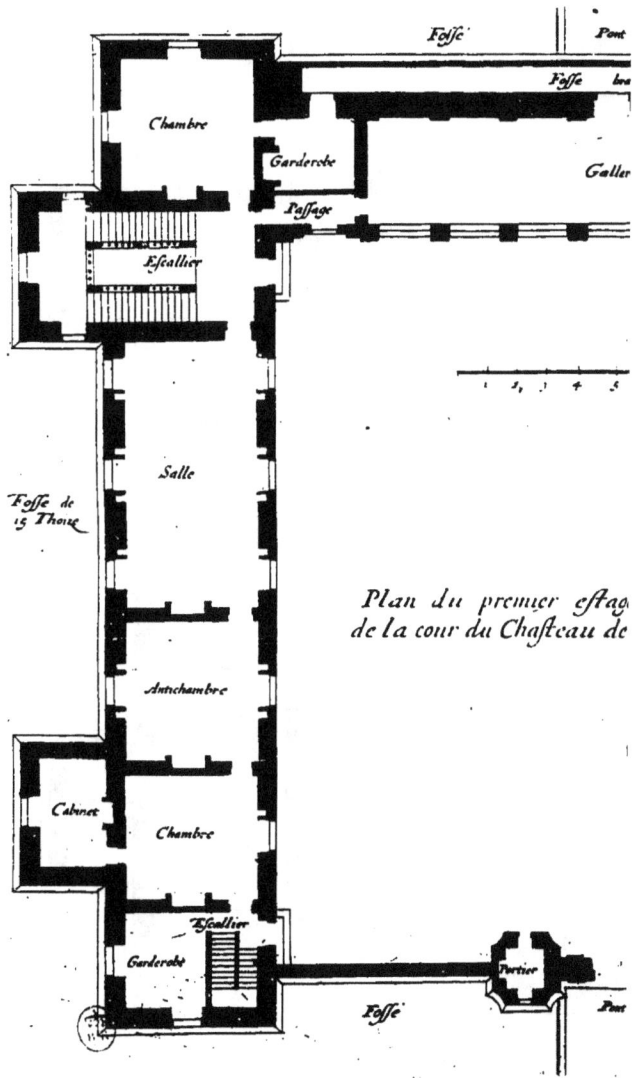

Plan du premier estag
de la cour du Chasteau de

Antichambre

Cabinet

Chambre

Escallier

Portier

Garderobe

Fosse Pont

Pont   Fosse

Fosse   braz

Gallerie

Oratoire   Chapelle

Passage

Escallier

3   4   5   10 Thoize

Salle du
commun
voultee et
ensuite tous
les offices

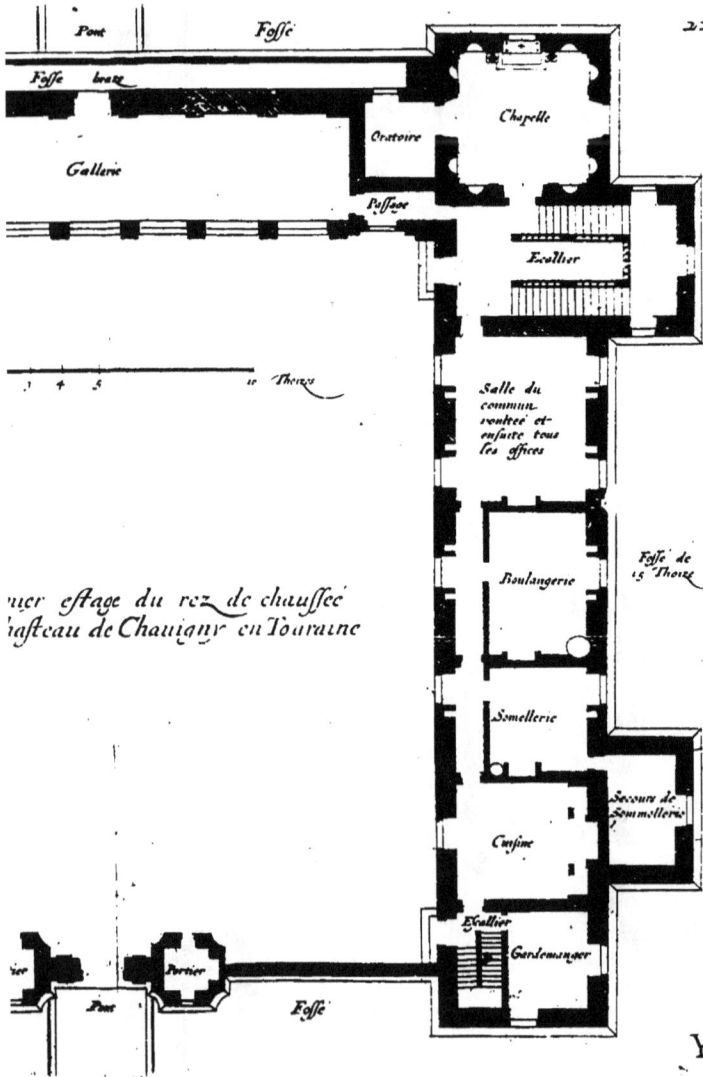

...mer estage du rez de chaussee
...hasteau de Chauigny en Touraine

Boulangerie

Fosse de
15 Thoize

Somellerie

Secours de
Sommellerie

Cuisine

Portier   Escallier

Portier   Gardemanger

Pont   Fosse

Y

)V CHASTEAV DE CHAVIGNY

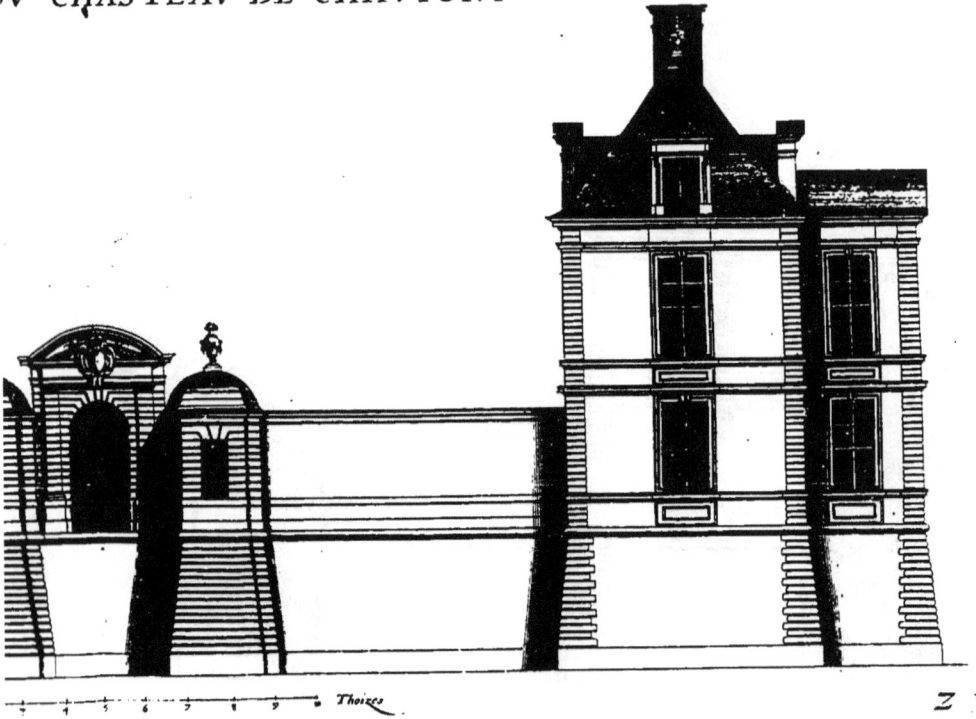

Thoires

Z

FACE DV COSTE DE LA COVR DV CHAST.

CHASTEAV DE CHAVIGNY EN TOVRAINE

A A

la pieds

BB

Iardin.

Plan du premier estage du rez de chaussées
de la Court de Lhoftel Daunaux a Paris

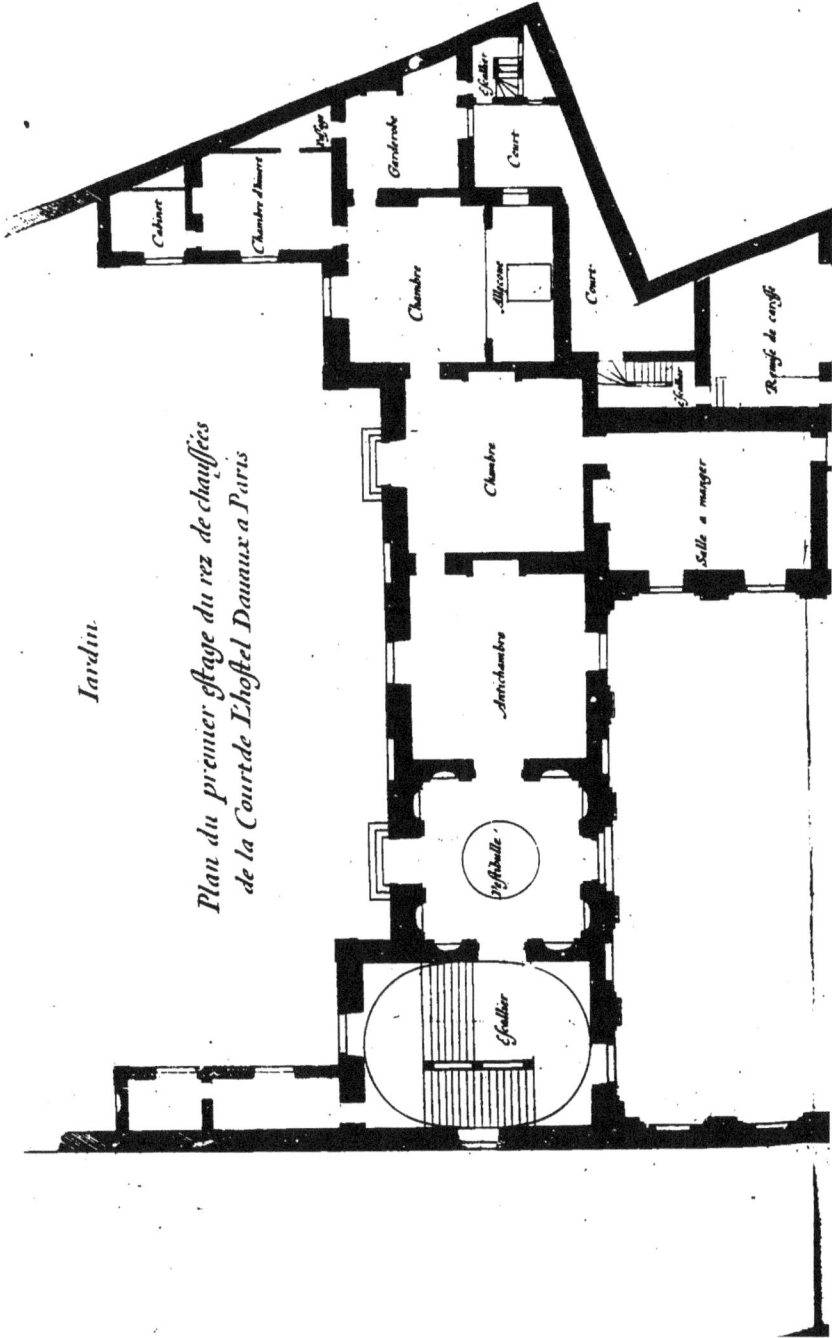

Cabinet

Chambre d'amis

Cabinet

Gardrobe

Escalier

Court

Chambre

Allcome

Court

Remif de carofe

Chambre

Escalier

Salle a manger

Antichambre

Vestibulle

Escalier

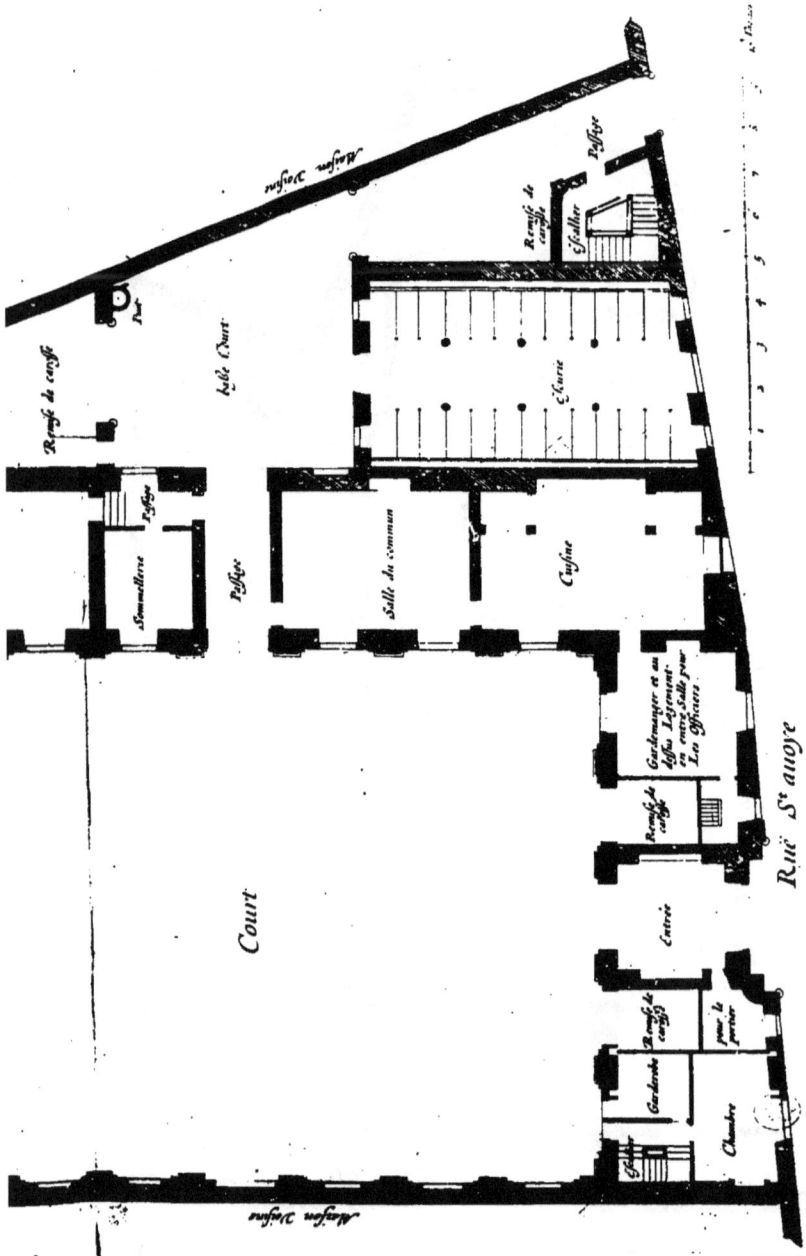

Maison Voisine

Remise de carosse

Escalier

Passage

Ecurie

Remise de carosse

Salle du commun

Cuisine

Garde manger et au dessus Logement en entre Salle pour Les Officiers

Remise de carosse

Entrée

pour la porte

Garderobe Remise de carosse

Chambre

Galer

Court

table Court

Sommellerie

Passage

Passage

Remise de carosse

Port

Maison Voisine

Rué St auoye

Maison Voisine

CC

Plan du Second Estage de L'hostel Dauaux a paris

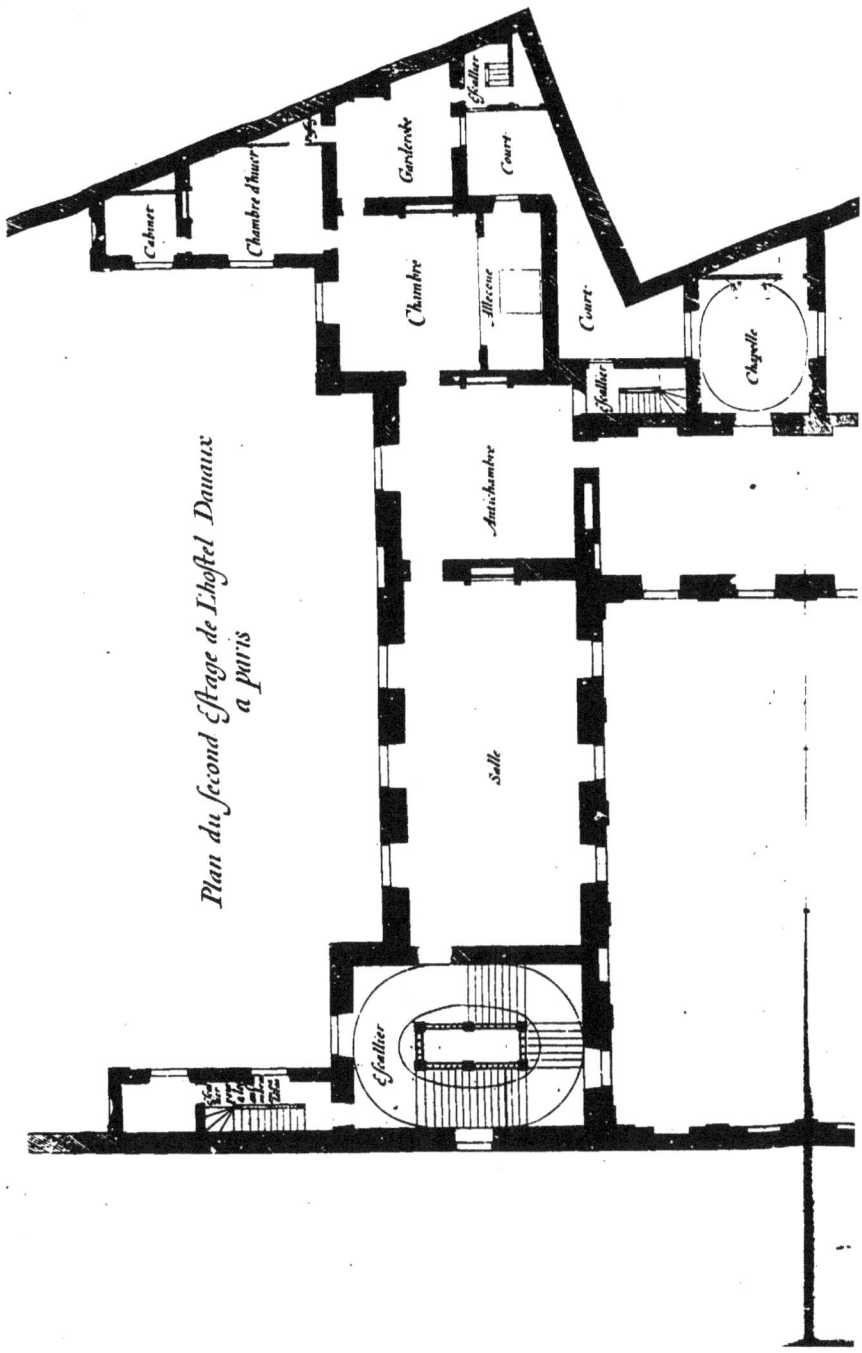

Cabinet

Chambre d'huer

Escallier

Chambre

Garderobe

Allecone

Court

Escallier

Court

Escallier

Chapelle

Antichambre

Salle

Escallier

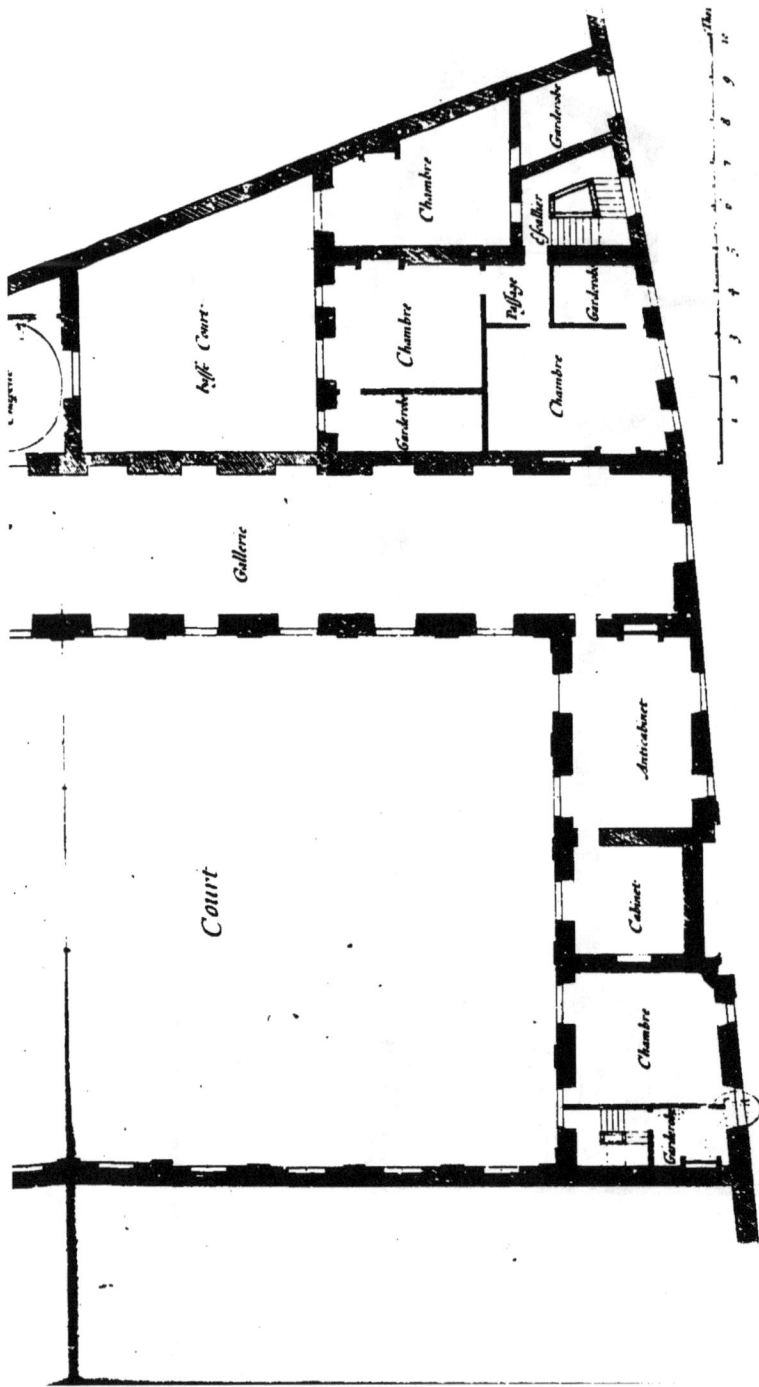

Garderobe

Chambre

Chambre

Galerie

Garderobe

Passage

Garderobe

Chambre

Garderobe

baffe Court

Grotte

Gallerie

Court

Anticabinet

Cabinet

Chambre

Garderobe

DD

L'HOSTEL DAVAVX A PARIS

EE

FACE DV COSTE DE LA COVR^T DE LHOS

5   Thoises

FF

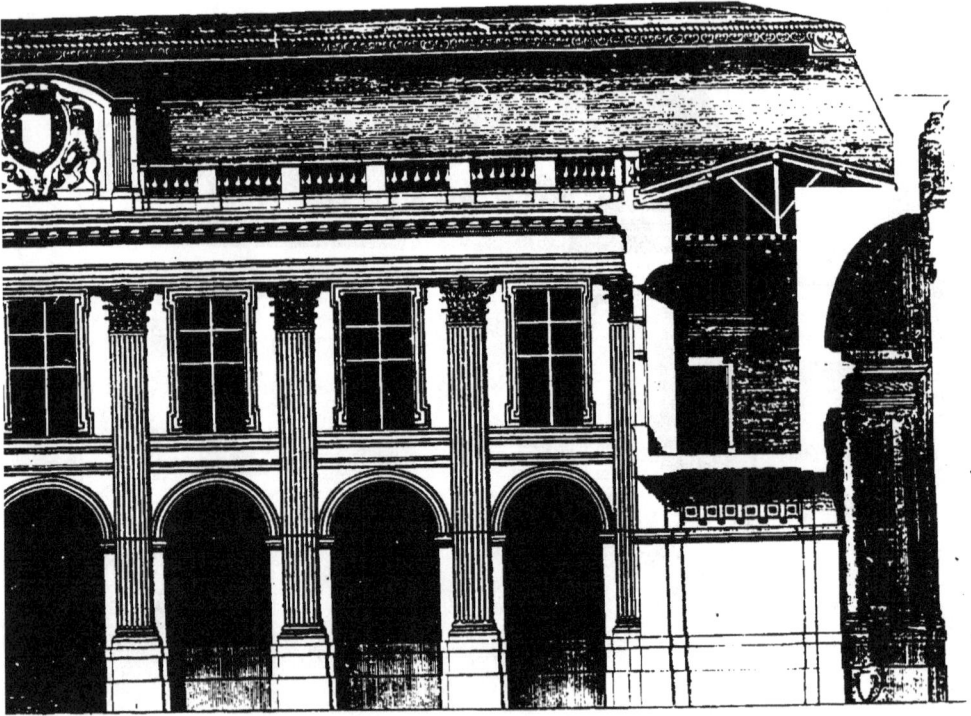

GG

FACE DV COSTÉ DV IARDIN DE L

T DE LHOSTEL DAVAVX A PARIS

Thoises

HH .

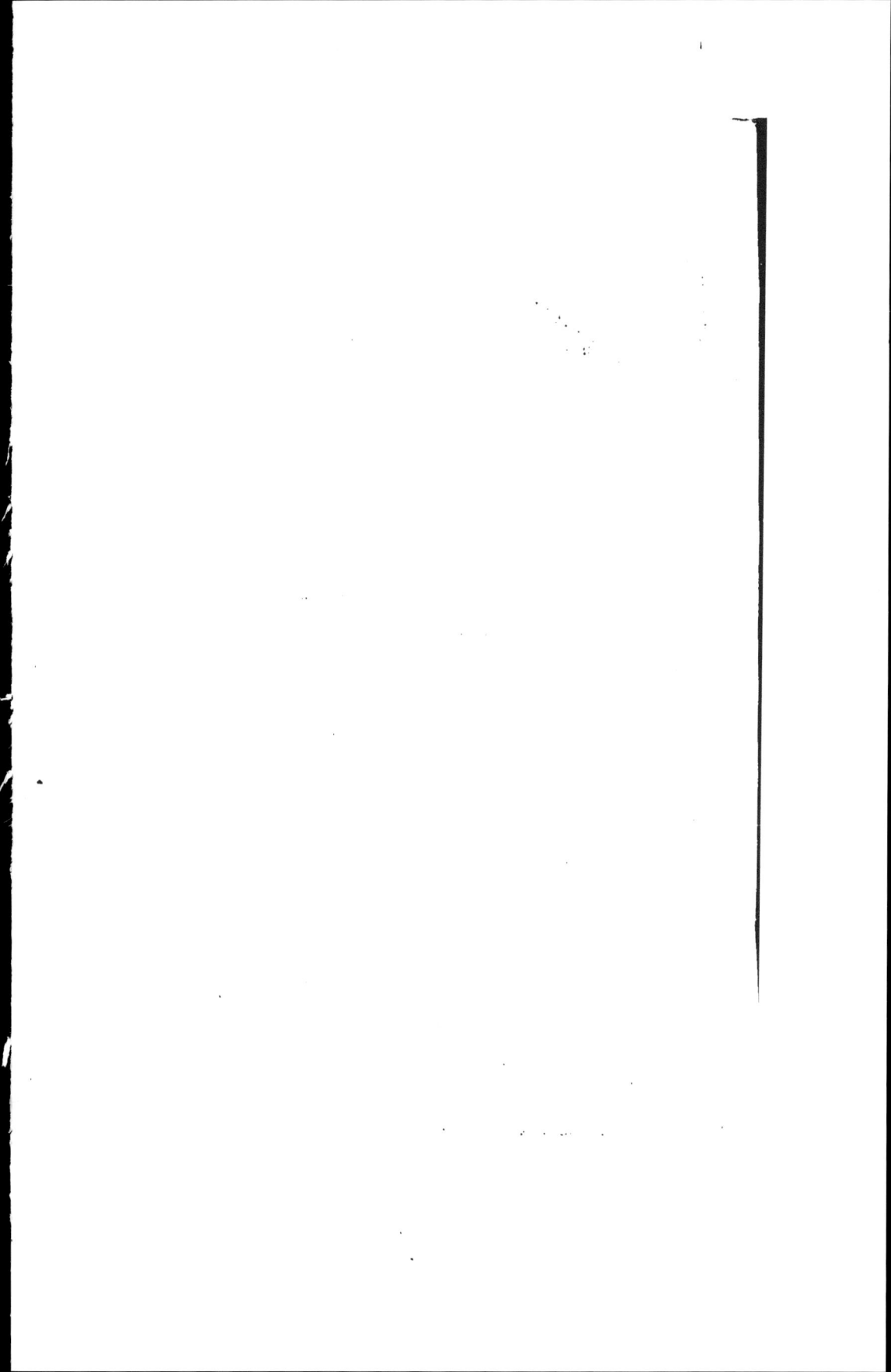

www.ingramcontent.com/pod-product-compliance
Lightning Source LLC
Chambersburg PA
CBHW072037080426
42733CB00010B/1919